Pedro Calderón de la Barca

Das Leben ein Traum

Übersetzt von Johann Diederich Gries

„König Basilius aus Polen zwischen Vernunft und Aufklärung. Wird er seinem Sohn den Thron versagen, weil Wahrsager ihm davon so dringlich abrieten? Und wie wird der Sohn schließlich nach Jahren der unverdienten Kerkerhaft auf die ausgeklügelte Prüfung reagieren, die ihm der Vater stellt?" *Redaktion Gröls-Verlag* (Edition I Werke der Weltliteratur)

Redaktionelle Hinweise und Impressum

Das vorliegende Werk wurde zugunsten der Authentizität sehr zurückhaltend bearbeitet. So wurden etwa ursprüngliche Rechtschreibfehler regelmäßig *nicht* behoben, denn kleine Unvollkommenheiten machen das Buch – wie im Übrigen den Menschen – erst authentisch. Mitunter wurden jedoch zum Beispiel Absätze behutsam neu getrennt, um den Lesefluss zu erleichtern.

Wir sind bemüht, ein ansprechendes Produkt zu gestalten, welches angemessenen Ansprüchen an das Preis/Leistungsverhältnis und vernünftigen Qualitätserwartungen gerecht wird. Um die Texte zu rekonstruieren, werden antiquarische Bücher von leistungsfähigen Lesegeräten gescannt und dann durch eine Software lesbar gemacht. Der so entstandene Text wird von Menschen gegen eine Aufwandsentschädigung gegengelesen und korrigiert – Hierbei können gelegentlich Fehler auftreten. Wenn Sie ebenfalls antiquarische Texte einreichen möchten, wenden Sie sich für weitere Informationen gerne an

www.groels.de

Informieren Sie sich dort auch gerne über die anderen Werke aus unserer

Edition | Bedeutende Werke der Weltliteratur

Sie werden es mit 98,009%iger Wahrscheinlichkeit nicht bereuen.

Die Deutsche Nationalbibliothek verzeichnet dieses Werk in der Deutschen Nationalbibliografie.

Verleger: Marcel Hermann-Josef Gröls, Poelchaukamp 20, 22301 Hamburg.
Externer Dienstleister für Distribution und Herstellung: BoD, In de Tarpen 42, 22848 Norderstedt

Inhaltsverzeichnis

Personen:

Basilius, *König von Polen*.

Sigismund, *dessen Sohn*.

Astolf, *Herzog von Moskau, Neffe des Königs*.

Estrella, *Nichte des Königs*.

Clotald, *Sigismunds Aufseher*.

Rosaura.

Clarin, *Rosauras Diener*.

Leibwachen.

Soldaten.

Musiker.

Gefolge.

Volk.

Erster Aufzug.

Wilde Gegend; im Hintergrunde ein hoher Berg; auf der Seite ein Turm, von Felsen und Gebüsch umgeben.

***Rosaura**, in männlicher Reisekleidung, steigt den Berg herab. Es wird Nacht.*

Rosaura *(ruft ihrem entlaufenen Rosse nach).*

Du Hippogryph, an Schnelle
Den Winden gleich, unbändiger Geselle!
Wohin, Blitz ohne Schimmer,
Glanzloser Vogel, schuppenloser Schwimmer,
Sinnloses Ungeheuer,
Wohin, im labyrinthischen Gemäuer
Der nackten Felsenmassen,
Entrennst du zügellos, wild, ausgelassen?
Bleib hier im Bergreviere,
Ein Phaethon hinfort der wilden Tiere!
Denn ich, ohn' andre Pfade,
Als das Geschick mir anweist sonder Gnade,
Will blindlings, ohne Hoffen,
Durch die verworrne Rauheit dieses schroffen
Gebirgs, das mit Ergrimmen
Der Sonn' entgegen dräut, hernieder klimmen. –
Wie schlecht empfängst du, Polen,
Den Fremdling; schreibst mit Blute seiner Sohlen
In deinen Sand sein Kommen!
Zur Mühsal kommt er an, mühsam gekommen.
Wohl sagt's mein Stern mir Armen;
Wo fand ein Unglücksel'ger auch Erbarmen?

Clarin *(der von demselben Berge herabgestiegen).*
Zwei gibt's hier, wie ich denke;

Laßt mich nur, wenn Ihr klagt, nicht in der Schenke.
Denn da wir zwei doch waren,

Die's wagten, aus der Heimat auf Gefahren
Und Abenteur zu reiten,
Und zwei, die unter Not und Albernheiten
Nun bis hieher uns trollten,
Und zwei, die hier vom Berg herunter rollten:
Heißt's nicht mein Recht verletzen,
Mich mit in Not und nicht in Rechnung setzen?

Rosaura. Ich will von meinen Klagen,
Clarin, dir keinen Anteil übertragen,
Um nicht dein Recht zu hindern,
Durch eignes Seufzen deine Not zu lindern.
So reizende Genüsse
Im Klagen fand ein Weiser, daß man müsse,
Behauptet' er, die Leiden
Aufsuchen, um an Klagen sich zu weiden.

Clarin. Ein Trunkenbold, wie keiner,
War dieser weise Mann. O hätt' ihn einer
Aufs weise Maul geschlagen,
So könnt' er richtigen Empfang beklagen! –
Doch, Fräulein, gebt mir Kunde,
Was thun wir jetzt, zu Fuß, in dieser Stunde,
Verirrt auf rauhen Bergen,
Da schon die Sonn' ins Meer sich will verbergen?

Rosaura. Wer sah noch je so seltsame Geschicke!
Doch täuscht die Phantasie nicht meine Blicke

Mit leerem Truggeflimmer,

So seh' ich dort beim zweifelhaften Schimmer
Der Dämmrung ein Gebäude,
Wie mir es scheint.

Clarin. Belügt mich nicht die Freude,
So glaub' ich's schon zu fassen.

Rosaura. Ein roh Gebäu steckt zwischen Felsenmassen;
Kaum mag es sich getrauen,
Vor Niedrigkeit, zur Sonn' empor zu schauen.
So rauh ist, wie ich merke,
So ungeschickt die Kunst an diesem Werke,
Daß es hier zu den Füßen
Der Felsen, so, die Sonne zu begrüßen,
Gigantisch sich erhoben,
Ein Klumpen scheint, herabgerollt von oben.

Clarin. Laßt uns nur näher gehen;
Was nützt es, Fräulein, lang' es zu besehen?
'S ist besser, wir beginnen
Jetzt den Versuch, ob man uns höflich drinnen
Aufnehmen wird.

Rosaura. Die Pforte
Steht auf (Grabschlund paßt besser zu dem Orte)
Und läßt zu diesen Thoren
Die Nacht heraus, die drinnen ward geboren.

Kettengeklirr im Turme.

Clarin. Weh! hier ist's nicht geheuer.

Rosaura. Ich bin ein leblos Bild von Eis und Feuer.

Clarin. Geklirr von Ketten hör' ich.
'S ist ein Galeerensklave, das beschwör' ich;
Wohl sagt es mir mein Zagen.

Sigismund *(im Turme)*. Ich Armer, weh! Wie bin ich zu beklagen!

Rosaura. Welch klägliches Gestöhne!
Mit neuem Schmerz ergreifen mich die Töne.

Clarin. Und mich mit neuen Schauern.

Rosaura. Clarin!

Clarin. Gebieterin?

Rosaura. Fliehn wir die Mauern
Des Zauberturms!

Clarin. Ich liefe gern von dannen,
Doch selbst zum Fliehn kann ich mich nicht ermannen.

Rosaura. Ha, schimmert nicht von ferne
Ein dämmernd Licht, gleich einem bleichen Sterne,
Das mit ohnmächt'gem Beben,
Aufflackernd, Flamm' und Strahlen läßt entschweben
Und jenes Dunkels Dichte
Noch dunkler macht mit zweifelhaftem Lichte?
Ja; denn bei seinem Brennen
Läßt sich, obwohl in trüber Fern', erkennen
Ein Kerker, zu vergleichen
Schier einem Grabe von lebend'gen Leichen;
Und, mir zu größerm Schrecken,
Liegt drin ein Mann, den rauhe Felle decken,
In Ketten eingeschlossen
Und nur von jenem Dämmerschein umflossen.
Flucht kann uns nicht mehr glücken,

So hören wir, was ihn für Leiden drücken;
Horch' auf, was er wird sagen.

Rosaura und Clarin treten zurück.

***Sigismund** tritt aus dem Turme, mit Fellen bekleidet und gefesselt.*

Sigismund. Ich Armer, weh! Wie bin ich zu beklagen!
Himmel, laß mich Kund' erlangen,
Da du so verfährst mit mir,
Welch Verbrechen ich an dir
Schon durch die Geburt begangen!
Doch, ich habe mich vergangen,
Ich erkenn' es, weil ich *ward*.

Strafst du mich auch noch so hart,
Nenn' ich gnügend deine Gründe;
Denn des Menschen größte Sünde
Ist, daß er geboren ward.
Nur dies *eine* möcht' ich fassen,
Um mein Unglück ganz zu sehn
(Darf ich, Himmel, das Vergehn,
Daß ich ward, beiseite lassen),
Was dich treibt, mich mehr zu hassen,
Da mich mehr straft dein Gericht.
Wurden auch die andern nicht?
Und sind sie im gleichen Falle,
Welches Vorrecht haben alle,
Das nur mir allein gebricht?
Auch der Vogel wird; und kaum,
Durch den bunten Schmuck der Glieder,
Ist er Blume mit Gefieder,
Blütenstrauß von zartem Flaum,
Und schon wird des Aethers Raum

Seines raschen Fluges Bahn;
Wenig kümmert ihn fortan,
Ob des Nestes Ruh' ihm fehle:
Und ich soll, bei größrer Seele,
Minder Freiheit nur empfahn?
Auch das Raubtier wird; wie nur
Kaum sein Fell die schönen Flecken,
Einen. Sternbild gleich, bedecken
(Dank dem Pinsel der Natur!),
Sucht es schon der Beute Spur;
Dem Bedürfnis unterthan,
Folgt es grausam seiner Bahn,
Labyrinthisch Ungeheuer:
Und ich soll, bei edlerm Feuer,

Minder Freiheit nur empfahn?
Auch der Fisch im feuchten Leer
Wird, aus Laich und Schlamm entsprossen,
Kaum nun, als ein Kahn mit Flossen,
Sieht er sich im weiten Meer,
Und schon streift er rasch umher;
Fast genügt dem kecken Wahn
Nicht die unermeßne Bahn,
Um den Wandertrieb zu stillen:
Und ich soll, bei kräft'germ Willen,
Minder Freiheit nur empfahn?
Auch der Bach wird, eine Schlange,
Zwischen Blumen sich verbreitend;
Kaum als Silbernatter gleitend,
Feiert er im Ringelgange
Mit melodischem Gesange
Blumen, die ihn mild umfahn;
Denn die Allmacht hat zur Bahn

Ihm die freie Flur erlesen:
Und ich soll, bei höherm Wesen,
Minder Freiheit nur empfahn?
Ein Vulkan, ein Aetna heißen
Kann ich bei so wilden Schmerzen;
Stücke von dem eignen Herzen
Möcht' ich aus der Brust mir reißen.
Welches Urteil kann entreißen,

Welch Gesetz dem Menschen eben
Dieses Recht zu freiem Leben,
Dies Geschenk der höchsten Milde,
Welches Gott sogar dem Wilde,
Vogel, Fisch und Bach gegeben?

Rosaura. Was ich hörte, was ich sah,
Wecket Mitleid mir und Zagen.

Sigismund. Wer behorchte meine Klagen?
Ist's Clotald?

Clarin *(zu Rosaura)*. Sagt doch nur Ja.

Rosaura. Ein Unsel'ger nur ist da,
Der vernahm, wie deinen Geist
Trübe Schwermut mit sich reißt.

Sigismund. Nun wohlan, dein Leben misse!
Wissen sollst du nicht, ich wisse,
Daß du meine Schwäche weißt.
Weil du hörtest, deshalb nur
Will ich mit den nerv'gen Armen
Dich zerreißen ohn' Erbarmen. *(Er faßt sie an.)*

Clarin. Ich bin taub, Herr; ich erfuhr
Nichts von Euch.

Rosaura *(knieend)*. Gab die Natur
Dir ein menschlich Herz zu eigen,
O so laß die Strenge schweigen!

Sigismund. Mir belegt dein Ton die Brust,
Gibt dein Anblick süße Lust,
Schafft Verwirrung dein Bezeigen. *(Er hebt sie auf.)*
Sprich, wer bist du? Kenn' ich zwar

Nur so wenig von der Welt,

Daß der Turm, wo man mich hält,
Wieg' und Grab zugleich mir war;
Ward ich hier auch nichts gewahr,
Seit ich lebend mich betrachte
– Wenn ich dies für Leben achte –
Als der Wildnis grause Not,
Wo ich als lebendig tot
Oder tot lebendig schmachte;

Sah und sprach bis diese Stunde
Ich auch nur den *einen* hier,
Der von Erd' und Himmel mir
Gab, aus Mitleid, ein'ge Kunde;
Muß ich gleich mit wahrem Grunde
(Mag dein Abscheu auch entbrennen
Und mich menschlich Untier nennen)
Zwischen Graun und Schreckgebild,
Unter Menschen mich als Wild,
Unterm Wild als Mensch erkennen;
Lernt' ich gleich, so elend schmachtend,
Den Begriff der Politik,
Auf der Vögel Republik
Und das Reich des Wildes achtend,

Maß der Sterne Bahn, betrachtend
Ihrer Chöre stille Reihn:
Dennoch konntest du allein,
Meine Qual zu lindern, taugen
Und das Staunen meiner Augen,
Meines Ohrs Bewundrung sein.
Ja, mit jedem Blick zu dir
Wird dies Staunen mir erneuert,
Und ein jeder Blick befeuert,

Dich zu sehn, den Wunsch in mir.
Meinen Augen scheinet hier
Ew'ger Durst bevorzustehen;
Trunk ist tödlich: dennoch stehen
Sie nicht ab; und seh' ich klar,
Sehen bringe Todsgefahr,
Sterb' ich hin, um nur zu sehen.
Wohl, ich sehe dich, und sterbe!
Weiß ich, der schon jetzt verdirbt,
Wenn das Sehn mir Tod erwirbt,

Was das Nichtsehn mir erwerbe?
Mehr wär's, als der Tod, mir herbe,
Mehr als Grimm und Wut und Not;
Tod wär's. So, was mich bedroht,
Muß ich zu ergründen streben;
Denn des Unbeglückten Leben
Ist, wie des Beglückten, Tod.

Rosaura. Vor Erstaunen, dich zu sehn,
Zu vernehmen deine Klagen,
Weiß ich kaum ein Wort zu sagen,
Weiß ich Rede nicht zu stehn.
Eins nur: mir ist Heil geschehn,
Da des Himmels milde Hand
Heute mich hieher gesandt;
Wenn's im Leiden kann erquicken,
Einen andern zu erblicken,
Der noch größres Leid empfand.
Man erzählt von einem Weisen,
Der so elend leben mußte,
Daß er nur mit Kräutern wußte,
Die er auslas, sich zu speisen.
"Kann die Erde," sprach er, "weisen
Etwas Aermers, als mein Leben?"
Antwort ward ihm, da er eben
Um sich sah: ein andrer Weiser
War bemüht, die kahlen Reiser,
Die er wegwarf, aufzuheben.
Unter Kummer und Beschwerde
Lebt' ich auf der Welt und klagte;
Aber als ich zu mir sagte:
Ist ein Mensch wohl auf der Erde,
Dem das Schicksal schwerer werde?
Gabst du tröstend Antwort mir.

Dich betrachtend, fand ich hier,
Daß du meiner Leiden Bürde,
Die für dich Erquickung würde,
Würdest sammeln mit Begier.
Und wenn etwa meine Leiden
Könnten Lindrung dir verschaffen,
So hör' an und nimm von ihnen,
Was ich überflüssig habe.
Ich bin . . .

Clotald *(im Turme)*. Wächter dieses Turmes,
Die, feigherzig oder schlafend,

Zugang gaben zweien Leuten,
So in das Gefängnis brachen . . .

Rosaura. Neue Drangsal und Verwirrung!

Sigismund. Ha, Clotald, mein Wächter, nahet;
Wird mein Elend nimmer enden?

Clotald *(wie oben)*. Kommt herbei und ohne Rasten
Fangt sie oder macht sie nieder,
Eh sie sich Verteid'gung schaffen.

Soldaten *(im Turme)*. Hochverrat!

Clarin. Ihr Herrn vom Turme,
Die ihr uns herein gelassen,
Da ihr uns die Wahl erlaubt:
Leichter ist es, uns zu fangen.

***Clotald** tritt auf, ein Pistol in der Hand, von **Soldaten** begleitet, alle mit verhüllten Gesichtern.*

Clotald *(im Auftreten, zu den Soldaten)*.
Wohl verhüllt euch die Gesichter;
Denn es thut uns not vor allem,

Daß, so lange wir hier sind,
Keiner, wer wir sei'n, errate.

Clarin. Maskenzüge gibt es hier?

Clotald *(zu Rosaura und Clarin)*.
O ihr, die ihr unerfahren
Dieses untersagten Ortes
Grenz' und Marken übertratet,
Gegen den Befehl des Königs,
Der gebot, daß keiner wage,
In das Wunder einzudringen,
Welches dieser Fels umnachtet:

Uebergebet Wehr und Leben;
Oder dies Pistol hier, Natter
Von Metall, wird sich alsbald
Seines scharfen Gifts entladen
In zwei Kugeln, deren Donner
Wird die Luft in Aufruhr jagen.

Sigismund. Eh, tyrannischer Gebieter,
Du es wagst, sie anzutasten,
Soll mein Leben Beute werden
Dieser unglücksel'gen Bande.

Denn, bei Gott! gefesselt, will ich

Selbst mich zu zerfleischen trachten
Mit den Händen, mit den Zähnen
Hier in diesem Felsengrabe,
Eh ich ihr Verderben dulde,
Eh ich ihre Schmach bejammre.

Clotald. Wenn dir kund ist, Sigismund,
Wie solch Unglück dich belaste,
Daß du, nach dem Schluß des Himmels,
Ehe du geboren, starbest;

Wenn dir kund ist, diese Fessel
Sei ein Zügel, aufzuhalten
Deines Hochmuts Raserei,
Sie zu hemmen, eine Schranke.
Wozu dieses Prahlen? *(Zur Wache.)* Eilet,
In den Kerker ihn zu schaffen,
Und verschließt das Thor.

Sigismund *(indem man ihn abführt)*. O Himmel,
Weise war's, daß du mir nahmest
Meine Freiheit; denn ich würde
Wider dich sonst zum Giganten,

Und, der Sonne zu zertrümmern
Diese Spiegel und Kristalle,
Türmt' ich auf den Felsengrund
Mächt'ge Berg' empor von Jaspis.

Clotald. Eben, daß du nicht sie türmest,
Ward vielleicht dir solche Plage.

Man bringt Sigismund in den Turm und verschließt das Thor.

Rosaura *(zu Clotald)*. Da ich sehe, daß der Stolz
So dich aufbringt, fleh' ich zagend

Nur in Demut um mein Leben,
Das zu deinen Füßen schmachtet.
Uebe Mitleid gegen mich;
Denn zu strenge wirst du handeln,
Finden, Herr, vor deinen Augen
Weder Stolz noch Demut Gnade.

Clarin. Und wenn weder Stolz noch Demut
Dich bewegen – Personagen,
Die in geistlichen Komödien
Tausendmal zur Rührung zwangen –:
So will ich, der weder Demut

Hat, noch Stolz, nur eingeschachtelt
Zwischen beiden, dich ersuchen,
Daß du Schutz und Hilf' uns schaffest.

Clotald. Holla!

Soldaten. Herr?

Clotald. Entwaffnet beide
Und verhüllt zugleich ihr Antlitz,
Daß sie nicht, von wo und wie
Man hinweg sie führt, gewahren.

Rosaura *(zu Clotald)*. Hier mein Degen; denn ich kann
Dir allein ihn überlassen,
Weil du unter allen diesen
Scheinst der erste. Minderm Ansehn
Gibt er nicht sich unterthan.

Clarin. Meiner gibt sich, unbeschadet,
Auch dem Schlechtsten hin; da nehmt.*(Er gibt seinen Degen einem Soldaten.)*

Rosaura. Wenn ich sterben muß, so lass' ich,
Im Vertraun auf deine Huld,

Dir ein Pfand, nicht klein zu achten,

Um des willen, dem es ehmals
Angehört. Es zu bewahren,
Sei dir Pflicht; denn, kenn' ich gleich
Sein Verborgnes nicht, doch ahn' ich,
Daß mit diesem goldnen Schwerte
Sich ein groß Geheimnis gattet,
Weil ich, ihm allein vertrauend,
Kam nach Polen, um empfangnen
Schimpf zu rächen.

Clotald *(den Degen betrachtend, für sich)*. Heil'ger Himmel!
Was ist dieses? Wie belasten

Mich Entsetzen und Verwirrung,
Kummer, Angst und bittre Qualen!
(Zu Rosaura.) Sprich, wer gab es dir?

Rosaura. Ein Weib.

Clotald. Und ihr Name?

Rosaura. Nicht verraten
Darf ich ihn.

Clotald. Allein woher
Kannst du wissen oder ahnen,
Ein Geheimnis haft' am Schwert?

Rosaura. Die es mir gegeben, sagte:
Geh nach Polen; und durch Kunst,
Klugheit und Gewandtheit mache,
Daß die Edelsten und Größten
Dort dich sehn mit dieser Waffe;
Denn ich weiß, daß ihrer einer
Gunst und Schutz dir wird gestatten;

Doch weil er vielleicht gestorben,
So verschweig' ich seinen Namen.

Clotald *(für sich)*. Hilf mir, Himmel! Was vernehm' ich?
Noch nicht weiß ich mir zu sagen,
Ob ich vor den Augen hier
Täuschung oder Wahrheit habe.
Dieses Schwert ist's, das ich einst
Ließ der schönen Violante
Als ein Zeichen, wer es trüge,
Solle mich in jeder Lage
Liebend finden, als mein Sohn,
Und ihn schützend, als sein Vater.
Was beginn' ich nun (weh mir!)

In so arg verworrnem Falle,
Wenn, der einst es trug zum Schutz,
Jetzt es trägt als Todesgabe?
Denn zum Tode schon verurteilt,
Naht er meinen Füßen. Hartes
Schicksal! Traurige Verwirrung!
Ungewisses Los voll Wanken!

Dieser ist mein Sohn; die Zeichen
Sagen's wohl, auch offenbart es
Mir mein Herz; denn, ihn zu sehn,
Klopft es an die Brust und flattert
Mit den Flügeln, und die Schlösser
Zu erbrechen nicht im stande,
Thut's, wie ein Gefangner thut,
Welcher, Lärmen auf der Gasse
Hörend, an das Fenster eilet:
So das Herz, weil's nicht erfahren,
Was geschieht, und Lärmen hört,
Eilt's, den Augen sich zu nahen,
Welche Fenster sind der Brust,
Sich durch Thränen Ausgang bahnend.
Was beginn' ich? Hilf mir, Himmel!
Was beginn' ich? Zum Monarchen
Ihn geleiten, heißt, zum Tod
Ihn geleiten (weh mir Armen!),
Weil, dem König ihn zu bergen,
Nicht mein Lehenseid gestattet.
Selbstlieb' hält von einer Seite,
Dienertreue von der andern
Mich gefesselt. Doch was zweifl' ich?
Treue gegen den Monarchen,
Geht sie nicht vor Ehr' und Leben?
Jene leb', und diese fallen!

Ueberdies bemerkt' ich eben,
Daß er sprach, er komm', um Rache
Für empfangnen Schimpf zu üben.
Ein beschimpfter Mensch trägt Schande,
Ist mein Sohn nicht, ist mein Sohn nicht,
Führt nicht meines Blutes Adel. –

Aber wie? Wenn nun ein Unfall
Ihn betraf, vor dem zu wahren
Keiner sich vermag? Der Ehre
Stoff ist freilich ein so zarter,
Daß ein Blick sie schon erschüttert,
Daß ein Lufthauch sie bemakelt.
Was vermag er mehr, was mehr,
Er, geschmückt mit eignem Adel,
Als, mit Wagnis der Gefahr,
Hier zu suchen, was ihm mangelt?
's ist mein Sohn, mein Blut ist in ihm,

Weil ihn solcher Mut durchmannet.
So, in dieser Zweifel Mitte,
Wähl' ich dieses, dem Monarchen
Ihn, als meinen Sohn, zu bringen,
Daß er mit dem Tod' ihn strafe.
Denn vielleicht wird dieser Eifer
Meiner Ehr' ihm Gnade schaffen;
Und wenn ich sein Leben rette,
Dann verhelf' ich ihm zur Rache
Seiner Schmach. Doch, wenn der König,
Bei der Strenge fest beharrend,
Ihm den Tod gibt, sterb' er dann,
Unbewußt, ich sei sein Vater. (Zu Rosaura und Clarin.)
Folget mir, ihr beiden Fremden!
Fürchtet nicht, es mög' euch mangeln
An Genossen eures Unglücks;

Denn ich selbst, in solchem Schwanken
Zwischen Tod und Leben, weiß nicht,
Welches schwerer sei zu tragen. *(Alle gehen ab.)*

Freier Platz vor dem königlichen Schlosse.

Kriegsmusik. Von der einen Seite erscheint ***Astolf*** *mit Soldaten, von der andern* ***Estrella*** *mit ihren Damen.*

Astolf *(Estrella begrüßend).*
Bei dem Anblick dieser hellen
Strahlen, gleichend den Kometen,
Hört Ihr sich zum Gruß gesellen
Hier die Trommeln und Trommeten,
Dort die Vögel und die Quellen.
Eifer zeigt sich überall,
Euerm Götterreiz zu dienen;

Und sie sind, bei gleichen. Schall,

Die, gefiederte Clarinen,
Jene, Vögel von Metall.
Und so grüßen Euch, Señora,
Als Monarchin die Kartaunen,
Muntre Vögel als Aurora,
Als Minerva Kriegsposaunen
Und der Blumen Schar als Flora.
Denn Aurora, siegbewußt,
Seid Ihr, die den Tag verdunkelt,
Flora bei des Friedens Lust,
Pallas, wo der Kampfstahl funkelt,
Und Monarchin meiner Brust.

Estrella. Soll des Menschen Wort sich fügen
Nach den Thaten, die man schaut,
So erscheint als leeres Trügen

Eurer Worte Schmeichellaut;
Denn es strafet dort Euch Lügen
Jene kriegrische Trophäe.

Nicht daß sie den Mut mir störe;
Doch es stimmt, wie ich's verstehe,

Nicht das Schmeicheln, das ich höre,
Zu der Rauheit, die ich sehe.
Und bemerkt: so niedre That
Kann dem Wilde nur gebühren;
Trug gebiert es und Verrat,
Schmeichelei'n im Munde führen,
Wenn man Mord im Herzen hat.

Astolf. Fürstin, schlecht seid Ihr belehrt,
Da Ihr meine Höflichkeiten
Fälschlich mit Verdacht beschwert;

Doch, wenn ich mich ganz erklärt,
Werdet Ihr nicht länger streiten.
Fürst Eustorg, bei seinem Sterben,
Ließ für Polens Diadem
Seinen Sohn Basil zum Erben
Und zwei Töchter außerdem,
Unsre Mütter. Nicht verderben
Will ich Euch die Zeit durch jene
Müß'gen Dinge. Clorilene,
Die anjetzt auf höherm Throne
Schmückt ihr Haupt mit einer Krone
Von Gestirnen, wie ich wähne,
War die ältre; sie gebar
Euch, Estrella. Recisunde,
So die zweite Tochter war,
Brachte mich; auf diesem Runde

Weile sie noch manches Jahr!
Moskaus Herzog, ihrem Gatten,

Ward ich Erbe; umzukehren
Mögt Ihr jetzo mir gestatten.
Fürst Basil, der sich vom schweren
Druck der Jahre fühlt ermatten
Und in seinem ganzen Leben
Mehr der Wissenschaft ergeben,
Als den Fraun, hat keinen Sohn;
Daher wir auf seinen Thron
Unsern Anspruch beid' erheben.
Ihr führt an für Euch, daß Ihr
Seid der ältern Schwester Kind;
Aber gab das Leben mir
Gleich die jüngre, so gewinnt
Doch der Mann den Vorzug hier.
Euern Anspruch und den meinen

Legten wir dem Oheim vor,
Der, bedacht, uns zu vereinen,
Diesen Tag uns auserkor,
Um vor ihm hier zu erscheinen.
Schnell von Moskau abgegangen,
Eilt' ich seinem Wunsch entgegen
Und bin hier, mit dem Verlangen,
Nicht den Krieg Euch zu erregen,
Nein, von Euch ihn zu empfangen.
O daß Amors Weisheit gebe,
Daß des Volks prophet'sche Meinung
Noch Erfüllung hier erlebe,
Und daß friedliche Vereinung
Euch zur Königin erhebe,
Doch auf meines Herzens Throne:

Gibt, als schuldigen Tribut,

Euch der Oheim seine Krone,
Siegstrophäen Euer Mut
Und mein Herz sich selbst zum Lohne.

Estrella. Bei so edelmüt'gem Streben
Bleibt mein Herz nicht gern zurück;
Auf den Thron mich zu erheben,
Wäre mir nur darum Glück,
Um ihn Euch zu übergeben.
Doch, mir Undank zu bereiten,
Fühl' ich freilich keine Lust;
Denn mit Euern Artigkeiten
Scheint dies Bild an Eurer Brust,
Wie ich fürchten muß, zu streiten.

Astolf. Völlig sollt Ihr Gnüg' empfahn,
Hoff' ich; doch der Instrumente
Lautes Tönen zeigt uns an,

Daß mit seinem Parlamente
Sich der König werde nahn.

*Kriegsmusik. König **Basilius** tritt auf nebst Gefolge.*

Estrella *(den König begrüßend)*.
Du, gleich Thales,

Astolf *(ebenso)*. Gleich Eukliden,

Estrella. Der den Sonnen,

Astolf. Der den Sternen,

Estrella. Stark als Herrscher,

Astolf. Mild im Frieden,

Estrella. Licht und Strahlen,

Astolf. Bahn und Fernen,

Estrella. Hat gemessen,

Astolf. Hat beschieden,

Estrella. Laß, mit innigem Erwarmen,

Astolf. Laß, mit zärtlichem Umarmen,

Estrella. Mich an dir, als Epheu, hangen.

Astolf. Deine Füße mich umfangen.

Basilius. Kinder, naht euch meinen Armen!
Und weil ihr, mit treuem Streben,
Euch beeifert, gern und willig
Meinem Wunsche nachzuleben,
Werd' ich, gegen beide billig,
Keinem Grund zur Klage geben.
Und so, da ich schon der Jahre

Ueberläst'gen Druck erfahre,

Bitt' ich nur um Schweigen hier;
Denn bestaunen werdet ihr,
Was ich jetzt euch offenbare.
Kund ist euch – seid aufmerksam,
Vielgeliebte Schwesterkinder,
Sehr erlauchter Hof von Polen,
Vettern, Freunde, Lehendiener –
Kund ist euch, daß ich den Namen
Des Gelehrten durch mein Wissen
In der Welt mir hab' erworben,
Da, die Macht der Zeit besiegend,
Mich die Pinsel der Timanthe,
Mich die Marmor der Lysippe

Längst schon auf dem Erdenrunde
Als Basil den Großen priesen.

Kund ist euch, ich treib' und schätze
Ueber alles andre Wissen
Höhere Mathematik,
Durch die ich der Zeit entwinde,
Durch die ich dem Ruf entreiße
Das Geschäft und Amt, hienieden
Jeden Tag uns mehr zu lehren;
Denn, wann in den Hieroglyphen
Meiner Tafeln ich der Zukunft
Wandlungen vor mir erblicke,
Raub' ich leicht der Zeit den Vorzug,
Was ich sagte, zu berichten.
Jene Kreise dort von Schnee,
Die kristallnen Baldachine,
Von der Sonne Strahl erleuchtet,

Durch des Mondes Bahn geschieden,

Jene diamantnen Kugeln,
Jene gläsernen Bezirke,
Ausgeschmückt mit goldnen Sternen
Und durchstreift von Himmelsbildern,
Sie sind meiner Lebenszeit
Größtes Forschen, Bücher sind sie,
Wo auf diamantne Blätter
Und auf Bogen von Saphiren
Mit bestimmten Charakteren
Unsre Schickungen der Himmel
Niederschreibt in goldnen Zeilen,
So die günst'gen als die schlimmen.
Diese les' ich also rasch,

Daß ich ihrem schnellen Fliegen
Durch all' ihre Weg' und Bahnen
Folge mit des Geistes Blicken.
Wenn's dem Himmel doch gefallen,
Eh mein Scharfsinn seinen Schriften

Mußt' als Kommentar und seinen
Blättern als Register dienen,
Daß mein Leben seines Zornes
Ersten Anfall hätt' erlitten,
Und daß dort geschrieben ständen
Meines Lebens Trauerspiele!
Denn dem Unglücksel'gen werden
Ja zum Messer selbst Verdienste;
Und sein eigner Mörder ist,
Wer sich schadet durch sein Wissen.
Ich kann's sagen, und noch besser
Sagt es euch, was ich erlitten,

Welches staunend zu vernehmen

Ich nochmals um Schweigen bitte.
Clorilene, meine Gattin,
Kam mit einem Sohne nieder,
Des Geburt an Wunderzeichen
Zu erschöpfen schien den Himmel.
Noch bevor ihn das lebend'ge
Grab des Leibes an des Lichtes
Klarheit übergab (denn gleich
Sind Geburt und Tod hienieden),
Sah unzählig oft die Mutter,
In des Traumes aberwitz'gen
Phantasien, ein Ungeheuer
Menschlicher Gestalt mit wilder
Kühnheit ihren Schoß durchbrechen

Und, als menschgewordne Viper
Des Jahrhunderts, mit der Mutter
Blut gefärbt, den Tod ihr bringen.
Wohl erfüllten sich die Zeichen
An dem Tage des Entbindens;
Denn die böse Vorbedeutung

Lüget selten oder nimmer.
Dieses war sein Horoskop,
Daß die Sonne, blutigtriefend,
Einen Zweikampf mit dem Mond
Unternahm im höchsten Grimme;
Und, getrennt durch unsern Erdball,
Kämpften diese zwei Gestirne,
Da sie nicht sich fassen konnten,
Mit der vollen Kraft des Lichtes.
Keine größere Verfinstrung

Hat die Sonne je erlitten,

Keine schauderhaftre, seit
Sie mit Blut beweint des Mittlers
Grausen Tod. Lebend'ge Flammen
Strömten auf die Erde nieder,
Welche zagte, daß den letzten
Todeskrampf sie schon erlitte.
Es erbebten die Gebäude,
Düstre Nacht umfing die Himmel,
Steine regneten die Wolken,
Blutig sah man Ströme fließen.
Während so die Sonn' in grausen
Krämpfen lag, im Wahnsinnsfieber,
Ward geboren Sigismund,
Der, zum Zeichen seines Sinnes,

Tötete sogleich die Mutter,
Sagend durch die That des Grimmes:
Ich bin Mensch; deshalb, für Gutes
Böses zu verleihn, beginn' ich.
Meine Wissenschaft befragend,
Sah ich klar aus allem diesen,
Der verwegenste der Menschen
Sei in Sigismund erschienen,

Der grausamste der Monarchen,
Der Despoten freventlichster,
Und durch ihn werd' einst sein Reich,
Uneins, von Partein zerrissen,
Zur Akademie der Laster,
Zur Verräterschule dienen;
Ja, er werde, zwischen Greueln
Und Verbrechen, wutgetrieben,

Auf mich setzen seinen Fuß,
Und ich werde mich erblicken
(Ha, mit welcher Scham erzähl' ich's!)
Ueberwunden vor ihm knieend,
Also, daß mein graues Haar
Seinem Fuß zum Teppich diene.
Wer nicht glaubt gar leicht Gefahren,
Die zumal, die höhres Wissen
Ihm entdeckt, wo sich ins Spiel
Eigenliebe pflegt zu mischen?
Ich nun, trauend jener harten
Prophezeiung des Geschickes,
Die so gräßliche Gefahren
Mir wahrsagerisch berichtet,
Ich beschloß, das kaum geborne

Ungeheuer einzuschließen,
Um zu sehen, ob ein Weiser
Nicht den Sternen mag gebieten.
Man verbreitete, der Prinz sei
Tot geboren. Schon errichtet
War ein Turm, aus weiser Vorsicht,
In den Felsen, in den Klippen
Des Gebirges, wo die Sonne
Selber kaum den Zugang findet,
Weil ihr jeden Weg versperren

Seine rauhen Obelisken.
Jene harten Strafgesetze,
Welche bei der fürchterlichsten
Ahndung jedem untersagen,
Zu betreten des Gebirges
Abgeschloßne Gegend, gründen
Sich auf das, was ich berichtet.

Dort lebt Sigismund sein Leben,

Elend, arm, in Kerkerstiefen,
Wo ihn keiner, als Clotald,
Jemals sprach, umgab, erblickte.
Seines Elends einz'ger Zeuge,
Hat in Wissenschaften dieser
Und in des kathol'schen Glaubens
Heil'ger Lehr' ihn unterrichtet. –
Dreierlei sei hier bedacht:
Erstlich, Polen, warst du immer
Mir so teuer, daß ich gern
Dich der Herrschaft eines Prinzen,
Der Tyrann ist, möcht' entreißen;
Denn der ist kein Fürst der Milde,

Der sein Vaterland, sein Reich
Solchem Unheil überließe.
Ferner muß erwogen sein,
Ob ich darf, nach Christenliebe,
Meinem Blut das Recht entwenden,
Das ihm einmal die Gerichte
Gottes und der Menschen gaben;
Da doch kein Gesetz gebietet,
Daß, um andre der Bedrückung
Eines Wütrichs zu entgehen,
Ich es selbst sei; und ich wär' es,
Wenn die Tyrannei des Prinzen,

Daß *er* Frevel nicht begehe,
Nun mich selbst zu Freveln triebe.
Endlich überlege man
Drittens noch, wie sehr ich irrte,
So leichtgläubig zu vertrauen

Den vorausgesehnen Dingen;

Denn obwohl sein innrer Hang
Zum Verderben ihn bestimmte,
Kann er doch ihm widerstehn:
Weil die sprödesten Geschicke,
Das unbändigste Gelüste,
Die feindseligsten Gestirne
Immer nur den Willen lenken,
Aber zwingen nicht den Willen.
Und so, zwischen diesen Gründen
Schwankend noch und unentschieden,
Dacht' ich mir ein Mittel aus,
Das euch wird zum Staunen bringen.
Morgen lass' ich Sigismund

(Dieser Nam' ist ihm verliehen),
Ohne daß er sich als meinen
Sohn und euern König wisse,
Meinen Thron und meinen Stuhl,
Meinen ganzen Platz besitzen,
Wo er euch beherrsch' und ordne,
Wo ihr alle sollt in tiefer
Demut ihm Gehorsam schwören;
Denn ich denke durch dies Mittel
Dreierlei, entsprechend jenen
Obgedachten drei, zu wirken.
Erstlich: wenn Prinz Sigismund,
Weise, klug, gerecht und milde,
Lügen straft die Prophezeiung,

Die ihm schuld gab solche Dinge,
Dann sollt euern angestammten
König ihr in ihm besitzen,
Der ein Höfling war des Berges

Und ein Nachbar wilder Tiere.
Zweitens aber: sollt' er doch,
Stolz, verwegen, eigenwillig,
Grausam, mit verhängtem Zügel
Seiner Laster Bahn durchfliegen,
Dann werd' ich gewissenhaft
Thun, was mir die Pflicht gebietet,
Und, als unbesiegter König,
Schnell das Zepter ihm entwinden;
Denn die Rückkehr in den Kerker
Ist nicht grausam, sondern billig.
Drittens nun: zeigt sich der Prinz
Wirklich so verkehrtes Sinnes,

Dann, Vasallen, werd' ich andre
Herrscher euch verleihn, aus Liebe,
Würdiger des Throns und Zepters,
Nämlich meine Schwesterkinder,
Die, wenn ihrer beider Rechte
Erst zu *einem* sich verbinden
Durch das heil'ge Band der Ehe,
Dann empfahn, was sie verdienen.
Dieses nun, als Fürst, befehl' ich,
Dieses nun, als Vater, will ich,
Dieses nun, als Weiser, rat' ich,
Dieses nun, als Greis, bestimm' ich;
Und wenn Spaniens Seneca
Sagt', ein König sei der niedre
Sklave seiner Republik,
Will ich dies, als Sklav', erbitten.

Astolf. Wenn die Antwort mir gebührt
Als dem, der bei diesen Dingen
Wohl am meisten ist beteiligt,

Fordr' ich hier, im Namen dieser,
Sigismunds Erscheinung; g'nug ist's,
Daß wir deinen Sohn ihn wissen.

Alle. Unsern Prinzen gib uns her!
Er sei König und Gebieter!

Basilius. Dank und Achtung heischt, Vasallen,
Dieser eur geneigter Wille.
Führet nun die beiden Stützen
Meines Reichs nach ihren Zimmern;
Morgen werdet ihr ihn sehn.

Alle. Lebe, großer Fürst Basilius!

Alle, bis auf den König, gehen ab, Estrella und Astolf begleitend.

***Clotald** tritt auf, mit **Rosaura** und **Clarin**.*

Clotald *(zum König)*. Darf ich nahen?

Basilius. Ha, Clotald!
Sei willkommen mir, wie immer.

Clotald. Sollt' ich, deinen Füßen nahend,
Gleich mich dir willkommen wissen,
Diesmal dennoch bricht, o Herr!
Des Geschicks feindsel'ger Wille
Dem Gesetz sein gutes Recht,
Ihren Brauch der alten Sitte.

Basilius. Was geschah dir?

Clotald. Herr, ein Unglück
Hab' ich unverhofft erlitten,

Könnt' ich wohl in ihm zugleich
Meine größte Freud' erblicken.

Basilius. Weiter!

Clotald. Dieser schöne Jüngling,
Tollkühn oder unvorsichtig,
Nahte jenem Turme, Herr,
Und erblickte dort den Prinzen;
Und nun . . .

Basilius. Seid getrost, Clotald.
Freilich würd' es mich verdrießen,
Wär's zu andrer Zeit geschehn;
Doch nun mag er's immer wissen,
Denn schon kund ist das Geheimnis,
Und ich selber hab's vernichtet.

Kommt hernach zu mir; ich muß
Euch von vielem unterrichten,
Viel auch sollt Ihr thun für mich.
Denn Ihr werdet, sollt Ihr wissen,
Werkzeug sein der größten Handlung,
So die Welt jemals erblickte. –
Die Gefangnen hier, auf daß
Ihr nicht sorgen mögt, ich richte
Eur Vergehn zu scharf, begnad ich. *(ab.)*

Clotald. Heil dir, großer Fürst, auf immer!
(Für sich.) Zwar mein Schicksal mildert sich;
Doch, daß er mein Sohn ist, will ich,
Da ich's meiden kann, nicht sagen.
(Laut.) Nun, ihr beiden fremden Pilger,
Ihr seid frei.

Rosaura. Herr, tausend Küsse
Deinen Füßen!

Clarin. Tausend Bisse!
Denn nicht wichtig unter Freunden
Ist ein Buchstab mehr und minder.

Rosaura. Herr, das Leben gabst du mir;
Und es dir in Rechnung bringend,
Werd' ich nun auf ew'ge Zeiten
Ganz dein Sklave sein.

Clotald. Mit nichten
War, was ich dir gab, ein Leben;
Denn ein Mann voll edelm Sinne,
Wenn man ihn beschimpft, nicht lebt er.
Kamst du nun, um für erlittnen
Schimpfes Unbill dich zu rächen,

Wie du selber mir berichtet,
So gab ich kein Leben dir,
Eben weil du keins besitzest;
Denn ein ehrlos Leben ist keins.
(Beiseite.) Das muß seinen Mut beschwingen.

Rosaura. Ob ich's gleich von dir empfange,
Weiß ich, daß ich's nicht besitze.
Doch so strahlend soll durch Rache
Werden meiner Ehre Schimmer,
Daß mein Leben alsobald,
Furchtlos mit Gefahren ringend,
Könn' als deine Gab' erscheinen.

Clotald *(ihr den Degen zurückgebend)*.
Nimm den blanken Degen wieder,
Den du trugest; wohl, ich weiß es,
Gnüget er, vom Blute triefend
Deines Feindes, dich zu rächen.
Denn ein Schwert, das mein war (diese

Zeit durch, sag' ich, diese Weile,
Da es meine Hände hielten),
Weiß zu rächen.

Rosaura. Auf dein Wort
Nehm' ich diesen Degen wieder;
Und auf ihm nun schwör' ich Rache,
Wär' auch er, der mich beschimpfte,
Noch viel mächt'ger.

Clotald. Ist er mächtig?

Rosaura. So sehr, daß es dir verschwiegen
Bleibe; nicht, weil ich auch Größers
Deiner Klugheit nicht verriete:
Nur, damit ich deine Gunst,
Die ich ehr' in dieser Milde,
Nicht verlieren mag.

Clotald. Es sagen,
Würde leichter mich gewinnen;
Denn dies hemmte mir den Weg,
Hilfe deinem Feind zu bringen.
(Beiseite.) Wüßt' ich doch nur, wer es ist!

Rosaura. Wohl; daß du nicht denkst, ich hielte
Für so wertlos dein Vertrauen,
So vernimm denn: kein Geringrer,
Als Astolf, der Fürst von Moskau,
Ist mein Feind.

Clotald *(beiseite)*. Mich überwindet
Dieser Schmerz; er ist viel größer,
Sichtbar nun, als eingebildet.
Tiefer auf den Grund der Sache!
(Laut.) Bist du denn ein Moskowite

Von Geburt, so konnte kaum
Dich dein Landesherr beschimpfen.
Geh zurück ins Vaterland;
Dämpfe deinen Feuerwillen,
Der dich stürzen muß

Rosaura. Ich weiß,
Ja, er konnte mich beschimpfen,
War er gleich mein Fürst.

Clotald. Nein, sag' ich;
Wenn auch seine Hand (o Himmel!)
Frech dein Angesicht berührte.

Rosaura. Größer war die Last des Schimpfes.

Clotald. Sag' ihn mir; denn etwas Aergers,
Als ich fürchte, sagst du nimmer.

Rosaura. Sagen möcht' ich's; doch ich muß
So voll Ehrfurcht auf dich blicken,
So voll Innigkeit dir huld'gen,
So voll Hochachtung dir dienen,
Daß ich bebe, dir zu sagen,
Dies Gewand, das du erblickest,
Sei ein Rätsel, weil es dem
Nicht gehört, der's trägt. Nun richte,
Wenn ich nicht bin, was ich scheine,
Und Astolf sich will verbinden
Mit Estrella, ob er kann
Mich beleid'gen. Gnug verriet ich. *(Ab mit Clarin.)*

Clotald. Höre, warte doch, verweile! –
Welch verworrnes Irrgewinde,
Dessen Faden die Vernunft
Selber nicht vermag zu finden!

Tief gekränkt ist mir die Ehre,
Mächtig ist, der uns beschimpfte,
Ich Vasall und sie ein Weib.
Zeig' uns einen Weg der Himmel!
Doch ich weiß nicht, ob er's kann,
Wenn in dieses Irrsals Tiefen
Mir der Himmel wird zum Rätsel
Und die Welt zum Schreckensbilde.

Zweiter Aufzug.

Zimmer im königlichen Palast.

*Der **König** und **Clotald** treten auf.*

Clotald. Alles, wie du es befohlen,
Ist ins Werk gestellt.

Basilius. Erzähle
Mir, Clotald, wie es geschah.

Clotald. Auf *die* Art, Herr, ist's geschehen:
Nämlich durch den linden Trank,
Welchen du aus manchen seltnen
Spezerein verfert'gen ließest,
Die mit Kräutern sich vermengten,
Deren herrische Gewalt
Und geheimnisvolle Kräfte
So die menschliche Vernunft
Lähmen, rauben und entfremden,
Daß der Mensch lebend'ger Leichnam
Wird durch sie, und deren heft'ge
Wirkung dem vom Schlaf Befallnen
Sinn' und Seelenkräft' entwendet.
Unnütz wäre der Beweis,

Daß dies wirklich kann geschehen,
Da uns die Erfahrung, Herr,

Ja so oft davon belehrte,
Da die Arzeneikunst sicher
Von natürlichen Mysterien
Voll ist, da es weder Stein,
Tier, noch Pflanze gibt auf Erden,

So nicht seine fest bestimmte
Eigenschaft besitzt; und ferner,
Glückt es unsrer Menschenbosheit,
Tausend Gifte zu erspähen,
Welche tödlich sind: wie sollt's nicht,
Bei Ermäß'gung ihrer Kräfte,
Da es Gifte gibt, die töten,
Gifte geben, die beschläfern?
Allen Zweifel, ob die Sache
Möglich sei, beiseite setzend,
Da Vernunft und Augenschein
Den Beweis bereits gegeben,
Stieg ich mit dem Schlummertrank
Aus Mandragora verfertigt,
Opium und Bilsenkraut,
Nieder in den engen Kerker
Sigismunds und sprach mit ihm
Eine Zeitlang von den ernsten
Wissenschaften, deren Kunde
Ihm des Himmels und der Berge
Schweigende Natur verlieh,
Die auf wundervollem Wege
Ihn der Vögel und des Wildes

Einfache Rhetorik lehrte.

Um den Geist ihm zu erhöhn
Zu dem großen Unternehmen,
Das du vorhast, wählt' ich nun
Mir zum Gegenstand die Schnelle

Eines königlichen Adlers,
Der, des Windes Bahn verschmähend,
Mit gewalt'gem Flügelschlage

Zu des Feuers höchsten Sphären
Als entfesselter Komet
Sich erhob, als Blitz von Federn.
Preisend seinen stolzen Flug,
Sprach ich: "Du bist wirklich Herrscher
Aller Vögel; drum ist's billig,
Ueber alle dich zu setzen."
Mehr bedurft' es nicht bei ihm,
Weil er, wenn man im Gespräche
Nur die Majestät berührt,
Gleich mit Stolz und Ehrgeiz redet;
Denn zu allen großen Dingen
Treibt, befeuert und erreget
Ihn sein Blut, und also sprach er:
"Gibt's auch in der vielbewegten
Republik der Vögel solche,
Die sich andern unterwerfen?
Ja, indem ich dies betrachte,
Find' ich Trost in meinem Elend;
Denn zum mindsten, wenn ich diene,
Macht mich nur der Zwang zum Knechte,
Und nie würd' ich mich freiwillig
Einem andern untergeben."
Kaum nun sah ich ihn durch dieses

Alte Thema seines Schmerzens
Schon entflammt, so bot ich ihm
Jenen Schlummertrank; und eben
Floß der Saft ihm aus der Schale
In die Brust, als seine Seele

Gleich dem Schlummer wich, indem
Durch die Adern ihm und Nerven

Kalter Schauer rann, so daß ich,
Wäre mir nicht kund gewesen,
Es sei Scheintod, zweifeln mußte,
Ob er lebe. Jene Männer
Kamen nun, von dir beauftragt
Zur Vollendung deines Werkes,
Die ihn schnell in einem Wagen
Brachten zu den Schloßgemächern,
Wo die Majestät und Hoheit,
Seiner Abkunft angemessen,
Schon ihn zu empfangen harrte.
Ruhend dort auf deinem Bette,
Wird er, wenn des Schlafs Betäubung
Nun verloren ihre Kräfte,
Gleich dir selbst (wie du befiehlst,
Hoher Herr) bedienet werden.
Und wenn mein gehorsam Thun
Dich verbinden kann zur Spende
Irgend eines Lohns, so bitt' ich
(O vergib mir mein Erfrechen!)
Dieses nur, daß du mir sagest,
Was dich trieb, auf diesem Wege
Deinen Sohn hieher zu bringen.

Basilius. Dieser Zweifel, den du hegest,
Ist gerecht, Clotald; und dir

Ganz allein will ich ihn heben.
Sigismunden, meinem Sohne,
Droht der Einfluß seines Sternes
(Wie ihr wißt) mit tausendfachen
Unglücksfällen und Verbrechen.
Nun versuch' ich, ob der Himmel,

Der unmöglich Lügen redet
Und uns überdies der Proben
Seiner Strenge gnug gegeben
Durch des Prinzen wild Gemüt,
Sich nicht mindstens mag besänft'gen
Oder mäß'gen und, besiegt
Durch Verstand und Mut, sich selber
Widerrufen; denn der Mensch
Ueberwältigt doch die Sterne.
Dies zu prüfen, bracht' ich ihn
Hieher, daß er sich erkenne
Meinen Sohn und des Gemütes
Neigung auf die Probe stelle.
Wenn er mutig sie besieget,
Soll er herrschen; doch entdeckt er
Sich als grausam und tyrannisch,
Send' ich ihn zurück zum Kerker.
Aber, fragst du jetzo wohl,
War es dieser Probe wegen
Nötig, ihn auf solche Weise
Und im Schlaf hieher zu senden?
Auch auf dieses hab' ich Antwort,
Gänzlich dich zufrieden stellend:
Wenn der Prinz als meinen Sohn
Heute sich erkennt' und fände

Morgen sich zurückgeworfen
Ins Gefängnis und ins Elend,
Müßt' er wohl, bei seiner Art,
Der Verzweiflung sich ergeben;
Denn, wohl wissend, wer er sei,

Woraus könnt' er Trost sich nehmen?
Doch nun wird im schlimmsten Fall

Eine Thür uns offen stehen,
Wenn man sagt, was er erblickte,
Sei geträumet. Hiebei stellen
Zur Erwägung sich zwei Stücke:
Seine Denkungsart für's erste;
Denn so, wie er sinnt und denkt,
Wird, erwacht, er sich benehmen;
Und für's andre seine Tröstung;
Denn obwohl er jetzt als Herrscher
Sich erblicket und hernach
Wiederkehrt in seinen Kerker,
Kann er denken, daß er träumte.
Und recht hat er, dies zu denken;
Denn in dieser Welt, Clotald,
Träumen alle, die da leben.

Clotald. Gründe würden mir nicht mangeln,
Um zu zeigen, daß du fehlest;
Doch nun gibt es keinen Ausweg,
Und wie alle Zeichen melden,
Scheint der Prinz erwacht zu sein
Und bereits sich uns zu nähern.

Basilius. Ich entferne mich; du sollst,
Als sein Führer, zu ihm treten
Und von aller der Verwirrung,

Welche seinen Sinn umdämmert,
Durch die Wahrheit ihn befrein.

Clotald. Also willst du mir gewähren,
Alles ihm zu sagen?

Basilius. Ja;
Denn er wird, die Wahrheit kennend,

Wenn er die Gefahr erblickt,
Eher sich vielleicht bezähmen. *(ab.)*

***Clarin** tritt auf.*

Clarin *(für sich)*. Um den Preis vier derber Stöße,
Die der Einlaß mir bei jenem
Rotrock von Hartschier gekostet,
Dem sein Dienstkleid half zum Bärtchen,
Bin ich hier, zu sehn, was vorgeht.
Denn, fürwahr, kein sichrer Fenster
Gibt's, als solches, das ein Mensch
Selber bei sich führt, ohn' eben
Den Kassierer viel zu bitten,
Weil man ja bei allen Festen
Nur hindurch zu gucken braucht,
Ohne Grämen oder Schämen.

Clotald *(für sich)*. Dieses ist Clarin, der Diener
Jener Armen (Himmel!), jener,
Die, als Mäklerin des Unglücks,
Meine Schmach nach Polen schleppte.
(Laut.) Was gibts Neues, Freund?

Clarin. Das gibt's,
Herr, daß deine milde Seele,
Fest entschlossen, meines Fräuleins

Schimpf zu rächen, sie beredet,
Frauenkleidung anzuziehn.

Clotald. Gut ist's, denn für Leichtsinn gelten
Konnte sonst ihr Thun.

Clarin. Das gibt's,
Daß sie, ihren Namen wechselnd
Und sich deine Nichte heißend,
Sich erhob zu solcher Ehre,

Daß als Dame sie, im Schloß,
In Estrellas hoher Nähe
Lebt.

Clotald. Gut ist's, daß ich die Rechnung
Ihrer Ehr' itzt auf mich nehme.

Clarin. Das gibt's, daß sie nunmehr wartet,
Bis zur Rettung ihrer Ehre
Zeit und Anlaß dir sich zeigt.

Clotald. Wohl ist der Entschluß der beste;
Denn gewiß kann nur die Zeit
Glücklich dies Geschäft vollenden.

Clarin. Das gibt's, daß man sie als Fürstin
Hier bewirtet und verehret,
Weil sie gilt für deine Nichte,
Und daß ich vor Hunger sterbe,
Bin ich gleich mit ihr gekommen;
Daß kein Mensch an mich gedenket,
Noch erwägt, ich sei Clarin,
Und, wenn ein Clarin trompetet,
Könn' er, was geschieht, verraten
An Basil, Astolf, Estrella;
Denn, fürwahr, Clarin und Diener

Sind zwei Dinge, die sich selten
Gut mit dem Geheimnis stehn;
Und vielleicht, wenn aus den Händen

Die Verschwiegenheit mich läßt,
Kann von mir das Sprüchlein gelten:
"Heller, wann der Tag erschien,
Schmettert kein Clarin."

Clotald. Deine Klag' ist wohl gegründet;
Ich will dich zufrieden stellen,
Und indes bediene mich.

Clarin. Ha, schon läßt der Prinz sich sehen.

Musik und Gesang. Sigismund tritt auf, in sichtbarem Erstaunen, von Dienern umgeben, die ihm Kleidungsstücke reichen.

Sigismund. Was, o Himmel, muß ich schauen?
Himmel, was muß ich entdecken?
Ich bestaun's mit wenig Schrecken,
Doch nur zweifelnd kann ich trauen.
Ich, in reichgeschmückten Zimmern,
Wo Brokat und Seide prangen?
Ich, von Dienern rings umfangen,
Die so stolz und herrlich schimmern?
Ich, auf einem Bett erwacht
Von so fürstlichem Gepränge?
Ich, bedient von solcher Menge,
Die mich schmückt mit solcher Pracht?
Traum dies nennen, wäre Täuschung,
Denn mein Wachen ist mir kund.
Bin ich denn nicht Sigismund?
Gib, o Himmel, mir Enttäuschung!
Sage mir, indes die blinde
Nacht des Schlummers mich umschwebte,

Welches Wunder ich erlebte,
Daß ich nun mich hier befinde?
Doch wozu kann Grübeln frommen?
Kann ich auch das Wie? nicht fassen,
Mich bedienen will ich lassen,
Und was kommen will, mag kommen.

Erster Diener *(zum zweiten)*.
Wie er nur so grämeln kann!

Zweiter Diener. Wer denn würd's, der solche Sachen
Hätt' erlebt, nicht auch so machen?

Clarin *(beiseite)*. Ich.

Zweiter Diener *(zum ersten)*. Geh hin und red' ihn an.

Erster Diener *(zu Sigismund)*.
Soll man weiter singen?

Sigismund. Nein,
Laßt das Singen unterbleiben.

Erster Diener. Dir die Grillen nur vertreiben,
Dich erheitern wollt' ich.

Sigismund. Kein
Solcher weichlicher Gesang
Kann Erheitrung mir verschaffen;
Kriegsmusik, Geklirr der Waffen,
Das nur ist mir froher Klang.

Clotald *(sich Sigismunden nähernd)*.
Reiche deine Herrlichkeit
Mir zum Kuß die hohe Rechte,
Als dem ersten deiner Knechte,
Welcher Huldigung dir weiht.

Sigismund *(beiseite)*. Wie? Clotald, der mich zuvor
Dort im Turm so hart behandelt,
Ganz in Ehrfurcht umgewandelt?
Himmel, was geht mit mir vor?

Clotald. Glaublich ist's, daß deine Seele,
Durch die plötzliche Vertauschung
Deines Zustands in Berauschung,

Sich mit tausend Zweifeln quäle;
Darum, wenn es möglich ist,
Will ich alle nun vernichten
Und zuvörderst dir berichten,
Daß du Polens Erbe bist.
Blieb bis diesen Augenblick
In Verborgenheit dein Leben,
So geschah's, um nachzugeben
Dem ungütigen Geschick,
Welches fürchterliche Dinge
Diesem Reiche prophezeit,
Wenn der Krone Herrlichkeit
Deine hohe Stirn umfinge.
Hoffend nun, daß dir erliegen
Werde der Gestirne Wut
(Denn des Mannes festem Mut
Glückt es wohl, sie zu besiegen),
Hat man in der stillen Nacht
Aus dem Turme, wo du lebtest,
Während du im Schlummer schwebtest,
Dich in den Palast gebracht.
Bald wird vor dein Angesicht
Der Monarch, dein Vater, eilen
Und dir weitre Kund' erteilen.

Sigismund. Ha, Verräter, Bösewicht!
Was bedarf ich weitre Kunde,
Da mir kund ist, wer ich bin?
Zeigen will ich meinen Sinn,
Meine Macht noch diese Stunde.
Gegen deines Vaterlandes
Wohlfahrt hast du so gefehlt,
Daß du mich mir selbst verhehlt,

Widerrechtlich dieses Standes
Mich beraubend?

Clotald. Weh mir Armen!

Sigismund. Das Gesetz hast du betrogen,
Deinen König frech belogen,
Mich mißhandelt ohn' Erbarmen;
König und Gesetz und ich
Haben drum, für solch Verderben,
Hier durch meine Hand zu sterben,
Dich verdammt. *(Er will ihn anfallen.)*

Zweiter Diener *(ihn abhaltend)*. Herr!

Sigismund. Hindre mich
Keiner, sag' ich; nie gelingen
Wird's euch, und, so wahr Gott lebt.
Jeder, der mir widerstrebt,
Soll aus diesem Fenster springen.

Zweiter Diener. Flieh, Clotald!

Clotald. O wehe dir,
Daß du so vor Hochmut schäumest
Und erkennst nicht, daß du träumest! *(ab.)*

Zweiter Diener *(zu Sigismund)*.
Ueberlege . . .

Sigismund. Fort von hier!

Zweiter Diener. Seinem König fügt' er sich.

Sigismund. Sprach der König wider Recht,
That er, sich zu fügen, schlecht;
Und sein Herr und Fürst war ich.

Zweiter Diener. Ob er wohl, ob übel that,
Darauf ziemt' ihm nicht zu sehen.

Sigismund. Uebel scheint's mit Euch zu stehen,
Daß ihr Euch so frech mir naht.

Clarin *(sich nähernd)*. Trefflich redet unser Herr,
Und sehr übel handelt Ihr.

Zweiter Diener. Wer gab diese Freiheit dir?

Clarin. Nun, ich nahm sie eben.

Sigismund. Wer
Bist du? Sprich!

Clarin. Ein Naseweis
Und das Haupt von diesen Gecken;
Solch ein Hans-in-allen-Ecken,
Wie die Welt sonst keinen weiß.

Sigismund. Du allein gefällst von allen
Mir, die ich bis jetzt gefunden.

Clarin. Herr, an allen Sigismunden
Hab' auch ich ein groß Gefallen.

Astolf tritt auf.

Astolf *(Sigismund begrüßend)*.
Heil dem Tage tausendmal,
Wo, mein Prinz, Ihr Euch enthüllet,

Sonne Polens, und erfüllet,
Gleich der Morgenröte Strahl,
Dieses Landes heitre Lüfte
Mit dem Glanz der reinsten Wonne;
Denn Ihr steiget, wie die Sonne,
Aus dem Schoß der Bergesklüfte.
Steigt hinan! Und weil der Polen
Diadem so spät Euch schmückt,
So bewahrt es, hoch beglückt,
Um so später.

Sigismund. Gott befohlen!

Astolf. Nur, daß Ihr mich nicht gekannt,
Mag Entschuld'gung Euch gewähren,
Mich so wenig hier zu ehren.
Wißt, ich bin Astolf genannt,
Moskaus Fürst und Euer Sippe;
Gleich sei unser beider Recht.

Sigismund. Gott befohlen, sagt' ich; sprecht,
That Euch Unglimpf meine Lippe?
Nun, da Ihr, so unverhohlen
Prahlend, meinen Gruß verschmäht,
Sag' ich denn, wenn Ihr mich seht,
Künftig wohl: Gott nicht befohlen!

Zweiter Diener. Eure Hoheit mag betrachten,
Daß, wie einst im Bergrevier
Ihr verfuhrt mit allen hier,
Doch Astolf ist mehr zu achten.

Sigismund. Mich verdroß, wie er vorher
Sich so stolzer Red' erkeckte
Und sogleich sein Haupt bedeckte.

Zweiter Diener. Er ist vornehm.

Sigismund. Ich noch mehr.

Zweiter Diener. Bei dem allen wär' es gut,
Daß Ihr mehr den Herzog ehret,
Als die andern.

Sigismund. Was gewähret
Euch so frechen Uebermut?

Estrella tritt auf.

Estrella *(Sigismund begrüßend)*.
Eure Hoheit sei willkommen
Tausendmal auf diesem Thron,
Der, zu langer Sehnsucht Lohn,
Dankbar jetzt Euch aufgenommen;
Mögt Ihr, wie der Neid auch schmäle,
Ihn so lang' in Heil bewahren,
Daß Eur Leben, nicht nach Jahren,
Nach Jahrhunderten sich zähle.

Sigismund *(zu Clarin)*. Wer ist diese Schönheit, sprich,
Die in menschlicher Gestalt
Uebet göttliche Gewalt?
Sie, zu deren Füßen sich
Senkt des Himmels Glanz und Wonne?

Clarin. Deine Muhm' Estrella lerne
Kennen, Prinz, in diesem Sterne.

Sigismund. Sprich vielmehr, in dieser Sonne.
(Zu Estrella.) Glück ist Euer Glückwunsch mir
Zu dem Glück, das mir geschehen;
Doch nur, weil ich Euch gesehen,
Ziemt sich dieser Glückwunsch hier.
Für dies hohe Glück allein,

Das ich unverdient bekommen,
Werd' Eur Glückwunsch angenommen,
Stern, vor dem der hellste Schein
Aller Himmelslichter dunkelt,
Wenn Ihr aufgeht, klar und heiter!
Sagt, was bleibt der Sonne weiter,
Da Ihr früh am Morgen funkelt?
Laßt mich küssen diese Hand,
Wo der Tag mit gier'gen Strahlen
Klarheit schlürft aus Schneepokalen.

Estrella. Höflich seid Ihr und galant.

Astolf *(beiseite)*. Reicht sie ihre Hand ihm willig,
Ist's mein Tod.

Zweiter Diener *(beiseite)*. Es kränkt Astolfen;
Doch vielleicht wird ihm geholfen.
(Zu Sigismund.) Herr, bedenk', es ist nicht billig,
Nimmst du solche Freiheit dir,
Da Astolf . . .

Sigismund. Hielt ich nicht kaum
Eure Frechheit erst im Zaum?

Zweiter Diener. Nur, was recht ist, sag' ich.

Sigismund. Mir
Ist dies alles zur Beschwer.

Was im Weg ist meinem Trachten,
Kann ich nicht für recht erachten.

Zweiter Diener. Doch du sagtest, Herr, vorher,
Daß man in gerechten Sachen
Müsse Dienst und Folge leisten.

Sigismund. Doch ich sagt' auch, einen Dreisten,
Der mir Aerger sucht zu machten,
Lass' ich aus dem Fenster springen.

Zweiter Diener. Leuten meiner Art kann dies
Nimmermehr geschehn.

Sigismund. Gewiß?
Nun, bei Gott! ich will's vollbringen.

Er faßt ihn in die Arme und trägt ihn hinaus. Die andern, bis auf Astolf und Estrella, folgen ihm und kommen hernach mit ihm zurück.

Astolf. Welchen Frevel muß ich sehen!

Estrella. Eilet alle, wehrt ihm ab! *(ab.)*

Sigismund *(kommt zurück)*. Vom Altan ins Meer hinab
Fiel er; konnt' es doch geschehen!

Astolf. Künftig größern Zeitraum laßt
Euch bei Euerm rauhen Walten;
Tier' und Menschen ja verhalten
Sich wie Wildnis und Palast.

Sigismund. Künftig, sollt' Eur kühnes Wagen
Solche rauhe Wort' erwählen,
Könnte leicht der Kopf Euch fehlen,
Um den Hut darauf zu tragen. *(Astolf geht ab.)*

Der König tritt auf.

Basilius. Was gibt's hier?

Sigismund. Nichts oder wenig;
Einen, der mir allzusehr
Lästig war, warf ich ins Meer.

Clarin *(leise zu Sigismund)*.
Merke wohl, dies ist der König.

Basilius. Kaum gelöst von deiner Kette,
Wardst du schon zum Mörder hier?

Sigismund. Ei, er wettete mit mir,
Aber ich gewann die Wette.

Basilius. Da ich mit der Hoffnung kam,
Prinz, es werde dir gelingen,
Stern und Schicksal zu bezwingen,
Füllt mich nun mit bitterm Gram
Dieses wilde, rohe Wesen,
Und daß gleich die erste That
Auf dem kaum betretnen Pfad
Ein so schwerer Mord gewesen.
Kann ich nun noch mit Verlangen

Dich umarmen, treu und warm,
Da ich weiß, daß schon dein Arm
Unterricht von dir empfangen,
Wie man tötet? Wer kann schauen
Furchtlos einen Dolch, der eben
Blut'ge Wunden hat gegeben?
Wer betritt wohl ohne Grauen
Eine Stätte, wo die Spur
Frischen Mords in blut'gen Zeichen
Noch sich weist? Denn, ihr zu weichen,

Zwingt den Stärksten die Natur.
So, da ich in deinen Armen
Todeswerkzeug seh' und dort
Jenen blutbefleckten Ort,
Graut es mir, dich zu umarmen;
Und den Wunsch, dich mit den Netzen
Meiner Liebe zu umschlingen,

Wag' ich nun nicht zu vollbringen,
Denn dein Arm macht mir Entsetzen.

Sigismund. Missen kann ich die Umarmung,
Wie ich sie gemißt bisher:
Denn ein Vater, der so sehr
Sich entäußert der Erbarmung,
Daß sein Herz, in Stein verwandelt,
Mich von seiner Seite reißt,
Mich als Tier erziehen heißt,
Mich als Ungeheur behandelt.
Und zum Tode mich bestimmt,
Mag nur die Umarmung weigern;
Wenig kann's mein Elend steigern;
Da er mir die Menschheit nimmt.

Basilius. Wär' ich doch, um meinem Sohn
Sie zu geben, nicht gekommen:
Daß ich nicht gesehn, vernommen
Seine Frechheit, seinen Hohn!

Sigismund. Nie hätt' ich mir Klag' erlaubt,
Wenn du sie mir *nicht* gegeben.
Doch du gabst sie; deshalb eben
Klag' ich, daß du sie geraubt.

Denn obwohl das Geben kann
Für die schönste Handlung gelten,
Ist es um so mehr zu schelten,
Geben erst und nehmen dann.

Basilius. Solchen Dank muß ich empfangen,
Daß du, der Gefangner war,
Dich als Fürsten siehst!

Sigismund. Fürwahr?
Dafür kannst du Dank verlangen?

Alt und kraftlos, wie du bist,
Du tyrannischer Despot,
Gibst du mir durch deinen Tod
Mehr wohl, als was mein schon ist?
Vater bist du mir und König;
Drum wird diese Größ' und Pracht
Durch Gesetz und freie Macht
Der Natur mir unterthänig.
Drum, obwohl nun anerkannt,
Brauch' ich Dank dir nicht zu zollen;
Ja, ich könnte Rechnung wollen
Für die Zeit, da du entwandt
Freiheit mir und Ehr' und Leben.
Und so, rat' ich, danke *mir*,

Will ich dennoch nichts von dir;
Denn mein Schuldner bist *du* eben.

Basilius. Ha, verwegnes, wildes Rasen!
Wahrhaft zeigt der Himmel sich;
Auf ihn selbst beruf' ich mich,
Thor, von Hochmut aufgeblasen!
Und obwohl du nun dich kennest
Und der Täuschung Macht entgehst,
Und obwohl du da nun stehst,
Wo du dich den ersten nennest,
Doch gib meiner Warnung Raum:
Sei der Demut nun beflissen;
Denn vielleicht, trotz deinem Wissen,
Daß du wachst, ist dies ein Traum. *(ab.)*

Sigismund. Was ich sah mit wachem Sinn,
Wäre nur ein Traumgewühle?
Nein, kein Traum! Ich weiß, ich fühle,
Was ich war und was ich bin.

Fühlst du Reue jetzt und Scham,
Ist's für dich nur um so schlimmer;
Denn ich kenne dich, und nimmer,
Trotz dem Seufzen, trotz dem Gram,
Raubst du mir's, daß ich geboren,
Erbe dieses Throns zu sein:
Und sahst du mich schwach und klein
Hinter jenes Kerkers Thoren,
War ich damals selber mir
Fremd, in meinem dumpfen Sinn;
Doch nun weiß ich, was ich bin:
Ein Gemisch von Mensch und Tier.

***Rosaura** tritt auf, in Frauenkleidung.*

Rosaura *(für sich)*. Ich folg' Estrellas Wegen
Und fürchte sehr, Astolf kommt mir entgegen;
Denn nimmermehr erfahren
Darf dieser, wer ich bin, noch mich gewahren.
Nur so ist, sagt Clotald, mein Ruf geborgen;

Ihm will ich, ohne Sorgen,
Mich ganz vertraun: denn ihm verdank' ich eben,
Daß ich hier Schutz erlangt für Ehr' und Leben.

Clarin *(zu Sigismund)*. Was ist dir von dem allen,
Das du hier sahst, am meisten aufgefallen?

Sigismund. Erstaunen mir bereitet
Hat nichts; ich war auf alles vorbereitet.
Doch müßt' ich *eines* schauen
Mit Staunen und Bewundrung, wär's der Frauen
Namloser Reiz. Gelesen
Hab' ich in einem Buch, das mein gewesen:
Was Gottes Kunst am herrlichsten bewähre,

Das sei der Mann, die Welt in kleiner Sphäre.
Doch ist es, sollt' ich meinen,
Das Weib, weil sie ein Himmel ist im Kleinen
Und ihn an Reiz besieget,
Soweit der Himmel von der Erde lieget;
Zumal, die ich hier sehe.

Rosaura *(für sich)*. Prinz Sigismund ist hier; geschwind, ich gehe.

Sigismund. Halt, Schönste, sei nicht bange!
Den Aufgang füge nicht zum Niedergange,
Beim ersten Schritt entfliehend;
Denn, Auf- und Niedergang zusammenziehend,
Frühlicht und Abenddunkel,

Verlöschest du des hellen Tags Gefunkel.
Doch wie? Was muß ich schauen?

Rosaura. Ich seh' es auch; ich glaub's und kann nicht trauen.

Sigismund. Ich sah an andern Orten
Schon diesen Reiz.

Rosaura. Die Pracht und Größe dorten
Sah ich einmal umgeben
Von engem Kerker.

Sigismund. Ja, ich fand mein Leben!
Weib – alle Huldigungen
Des Manns hat dieser Nam' in sich verschlungen –
Wer bist du? Zugestehen
Müßt' ich dir Lieb', hätt' ich dich nie gesehen;
Nun bist du mir beschieden:
Denn sicher ist's, ich sah dich schon hienieden.
Wer bist du? Wie dein Name?

Rosaura *(für sich)*.
Verstellung gilt's. *(Laut.)* Ich bin Estrellas Dame,
Vom Stern ein schwacher Flimmer.

Sigismund. O nein! die Sonne, sprich, von deren Schimmer
Estrellas Stern sein Leben
Erhält, weil deine Strahlen Glanz ihm geben.
Ich sah im Reich der Düfte
Der Rose Gottheit, Herrscherin der Lüfte,
Vom Blumenchor umfangen,
Als Kaiserin durch größre Schönheit prangen.
Ich sah, daß die Gesteine
Des tiefen Schachts, im kundigen Vereine,
Vorzogen den Demanten
Und, weil er heller strahlt, ihn Kaiser nannten.
Ich sah vom Sternenrate
Den ersten Platz im ruhelosen Staate

Dem Morgensterne geben
Und ihn zum König der Gestirn' erheben.

In höhern Regionen
Sah ich im Hofstaat der Planeten thronen
Die Sonne, frei von Makel,
Des ew'gen Tages göttlichstes Orakel.
Wenn bei Planeten, Sternen, Blumen, Steinen
Stets nun die Schönsten obenan erscheinen:
Wie kannst du minderm Schimmer
Dich dienstbar zeigen, und bist dennoch immer,
Durch größrer Schönheit Wonne,
Ros' und Demant und Morgenstern und Sonne?

Clotald tritt auf und bleibt im Hintergrunde.

Clotald *(für sich)*. Ihn noch zu zähmen, darf ich wohl vertrauen;
Denn ich erzog ihn ja. – Was muß ich schauen? *(Rosauren erblickend.)*

Rosaura *(zu Sigismund)*. Mich rührt dein gütig Streben;
Mein redend Schweigen mag dir Antwort geben.
Denn, Herr, wo der Verstand sich blöde zeiget,
Da spricht am besten, wer am besten schweiget. *(Will gehen.)*

Sigismund. Halt, gehe nicht von hinnen!
Wie? Wolltest du so schleunig meinen Sinnen
Des Lichts Erquickung rauben?

Rosaura. Ich bitte, diese Gunst mir zu erlauben.

Sigismund. Gehn mit so eil'gen Schritten,
Das heißt, die Gunst sich nehmen, nicht erbitten.

Rosaura. Ich nehme sie, willst du sie nicht gewähren.

Sigismund. In Rauheit wirst du meine Huld verkehren;
Denn so nur widerstreiten,
Heißt, mir ein Gift für die Geduld bereiten.

Rosaura. Ob dieses Gift voll Strenge
Und Zorn und Wut auch die Geduld bezwänge,
Doch kann und darf's mit nichten
Die Achtung, die ich fordern muß, vernichten.

Sigismund. Um, ob ich's kann, zu lernen,
Werd' ich die Scheu vor deinem Reiz entfernen.
Unmögliches bezwingen
Ist meine Lust; dort vom Altane springen
Mußt' einer heut trotz seinem Draufbestehen,
Es könne nicht geschehen.
Und so nun möcht' ich, um zu sehn mein Können,
Auch deinem Ehre solchen Sprung vergönnen.

Clotald *(für sich)*. Er läßt sie nicht von hinnen;
Sein Rasen steigt. O Himmel, was beginnen,

Da wütendes Begehren
Zum zweitenmale droht mich zu entehren?

Rosaura. Ha, nicht vergebens zagte
Dies arme Land, da man voraus ihm sagte
Von dir solch wild Erfrechen,
Wut, Mord, Verrat und jegliches Verbrechen.
Doch kann sich anders zeigen,
Wem nichts vom Menschen, als der Nam', ist eigen?
Wer, stolz und übermütig,
Barbarisch, frech, unmenschlich, grausam, wütig,
Aufwuchs bei rohem Wilde?

Sigismund. Ich zeigte dir vorhin so große Milde,
Um dich mir zu verpflichten
Und diese freche Schmähung zu vernichten.
Doch bin ich das, was deine Lippen nennen,
So sollst du so, bei Gott! auch ganz mich kennen.

(Zum Gefolge.) Holla! Entfernt euch alle. Diesen Thoren
Soll niemand nahn; schließt ab.

Clarin geht mit den übrigen ab.

Rosaura. Ich bin verloren!
O höre!

Sigismund. Den Barbaren
Zu bändigen, kannst du die Mühe sparen.

Clotald *(für sich)*. O gräßliches Verderben!
Ihn hindern muß ich schnell, und sollt' ich sterben.
(Hervortretend.) Halt ein, o Herr! Erwäge . . .

Sigismund. Zum zweitenmal machst du den Zorn mir rege,
Tollkühner Greis! Verachtest
Du meinen Grimm, den du zu reizen trachtest?
Wie bist du hergekommen?

Clotald. Auf dieser Stimme Ruf, den ich vernommen,
Kam ich, um dir zu sagen:
Sei milder, Prinz, willst du die Krone tragen,
Und nicht, weil du beherrschest diese Räume,
Sei grausam; denn vielleicht sind dies nur Träume

Sigismund. Zur Wut wirst du mich führen,
Wagst du das Licht der Wahrheit anzurühren.
Dich tötend, will ich schauen,
Ob's Traum, ob's Wahrheit sei.

Er zieht den Dolch; Clotald hält diesen von sich ab, indem er niederkniet.

Clotald. Dem Todesgrauen
Kann ich nur so entkommen.

Sigismund. Die freche Hand vom Stahl hinweggenommen!

Clotald. Nein, bis ich Hilf' erhalten,
Die mich beschützt vor deines Grimmes Walten,
Lass' ich dich nicht.

Rosaura. O Himmel!

Sigismund. Los, Verräter,
Feindsel'ger Greis, wahnsinn'ger Missethäter!
Sonst will ich, ohn' Erbarmen,
Erwürgen dich mit meinen starken Armen.

Sie ringen miteinander.

Rosaura. Heran, ihm beizustehen!
Ermordet wird Clotald! *(ab.)*

Astolf tritt auf, in dem Augenblick, da Clotald zu seinen Füßen hinfällt, und stellt sich zwischen beide.

Astolf. Was muß ich sehen?
Prinz von so edelm Mute!
So wolltest du mit fast erstarrtem Blute
Den hellen Stahl beflecken?
Eil', in die Scheid' ihn wieder einzustecken.

Sigismund. Erst soll der Frevler büßen,
Mit seinem Blut ihn rötend.

Astolf. Mir zu Füßen
Darf ihn kein Stahl erreichen;
Zum Heile soll mein Kommen ihm gereichen.

Sigismund. Zum Tod gereich' es *dir!* Für das Verbrechen,
Das er an mir beging, will ich mich rächen
Durch deinen Tod.

Er dringt auf ihn ein; Astolf zieht den Degen.

Astolf. Mein Leben zu verteid'gen,
Kann nimmermehr die Majestät beleid'gen. *(Sie fechten.)*

Der König, Estrella und Gefolge treten auf.

Clotald *(zu Astolf)*. Verletz' ihn nicht, o Herr!

Basilius. Hier bloße Degen?

Estrella *(für sich)*. Weh mir, Astolf! Was leid' ich seinetwegen!

Basilius. Was ward hier vorgenommen?

Astolf. Nichts, hoher Herr, weil eben du gekommen.

Sie stecken die Degen ein.

Sigismund. Gar vieles, Herr, obwohl du kamst soeben;
Ich wollte diesem Alten hier ans Leben.

Basilius. Empfandest du nicht Achtung
Vor grauem Haar?

Clotald. Dies kommt nicht in Betrachtung,
O Herr; es ist ja meins.

Sigismund. Bethörtes Wollen!
Ich sollte grauem Haar viel Achtung zollen?
Vielleicht – es kann geschehen –
Werd' ich auch dieses mir zu Füßen sehen;
Denn wohl muß ich dich strafen,
Weil du so rechtlos mich erzogst als Sklaven. *(ab.)*

Basilius. Den Anblick dir zu rauben,
Versenk' ich dich in Schlaf; dann magst du glauben,
Daß, was du hier erfahren,
Zum Heil der Welt, nur leere Träume waren.

Der König, Clotald und Gefolge gehen ab. Estrella und Astolf bleiben.

Astolf. O wie selten lügt das Schicksal,
Wenn es Mißgeschicke meldet!
Denn so sicher stets im Schlimmen
Ist's, wie zweifelhaft im Bessern.

Weise wär' ein Astrolog,
Der nur immer Unglücksfälle
Prophezeite; denn kein Zweifel,
Daß sie immer Wahrheit werden.
Auch an mir und Sigismunden
Läßt, Estrella, jetzt sich eben

Die Erfahrung, und all beiden
Auf verschiedne Weis', erkennen.
Denn von ihm weissagt' es uns
Unheil, Mord und Stolz und Härte;
Und es sprach in allem wahr,
Weil sich alles zeigt am Ende.
Doch von mir, dem es beim Anblick

Dieses heitern Lichts, o Herrin!
Das die Sonne macht zum Schatten
Und des Himmels Glanz zum Nebel
Glück und Segen prophezeite,
Wonne, Beifall und Trophäen,
Sprach es schlimm und sprach es gut;
Denn nur dann bewährt's sein Wesen,
Wenn es täuscht mit Gunstbezeigen
Und erfüllet mit Verschmähen.

Estrella. Ich betracht' als reine Wahrheit
Alle diese Schmeichelreden;
Doch sie sind für jene Dame,
Deren Bild, Astolf, Ihr zärtlich
Ließt an Euerm Halse hangen,
Als ich Euch zuerst gesehen.
Und da dem so ist, verdienet
Sie nur diese Liebesreden;

Laßt sie Euch von ihr bezahlen.
Denn es gelten nicht als Wechsel
Vor der Liebe Tribunal
Schmeicheleien und Versprechen,
Die man ausgestellt im Dienste
Andrer Damen, andrer Herrscher.

***Rosaura** erscheint im Hintergrunde.*

Rosaura *(die beiden erblickend, für sich).*
Dank dem Himmel, daß zum Ziele
Meine bittern Unglücksfälle
Jetzt gelangten; denn wer dies
Siehet, kann vor nichts mehr beben.

Astolf *(zu Estrella).* Reißen will ich jenes Bildnis
Aus der Brust, um Raum zu geben
Deiner Schönheit holdem Bilde.
Weicht das Dunkel doch den Sternen,
Wie die Sterne selbst der Sonne.
Schnell, es dir zu bringen, geh' ich.
(Beiseite.) O verzeihe mir, Rosaura!
Diesen Unglimpf; denn Getrennte
Halten keine beßre Treue,
Wie die Frauen so die Männer. *(ab.)*

Rosaura *(hervortretend, für sich).*
Ich vernahm kein einzig Wort,
Fürchtend, daß er mich bemerkte.

Estrella *(Rosauren erblickend).*
Komm, Asträa.

Rosaura. Meine Fürstin!

Estrella. Ich bin froh, daß *du* es eben
Warest, die hieher gekommen;
Denn nur dir entdeck' ich gerne
Mein Geheimnis.

Rosaura. Dies gereicht
Deiner Dienerin zur Ehre.

Estrella. Du gewannst, obwohl, Asträa,
Ich seit kurzem erst dich kenne,
Schon die Schlüssel meiner Neigung.

Drum, und weil ich *so* dich kenne,
Wag' ich nun, dir zu vertraun,
Was ich oft mir selbst zu bergen
Suchte.

Rosaura. Deine Sklavin bin ich.

Estrella. Um mit kurzem dir's zu melden:
Prinz Astolf, mein Vetter (g'nug ist's,
Meinen Vetter ihn zu nennen;
Denn gewisse Dinge lassen
Sich nicht sagen, als durch Denken),
Wird sich bald mit mir verbinden,
Wenn das Schicksal sich bequemet,
Durch dies *eine* Glück allein
So viel Unglück zu ersetzen.
Mich verdroß, daß er am Tage
Seiner Ankunft das Gemälde
Einer Dame trug am Halse.
Als ich nun darüber scherzte,
Ging er, höflich und galant,
Es zu holen; doch mich setzt es
In Verwirrung, daß er nun
Kommen wird, es mir zu geben.

Bleibe hier, und wenn er kommt,
Sag', er mög' es dir behänd'gen.
Weiter brauch' ich nichts zu sagen;
Du bist schön, du bist verständig,
Und die Liebe kennst du wohl. *(ab.)*

Rosaura. Wohl mir, wenn ich nicht sie kennte!
Hilf mir, Himmel! Welches Weib,
Noch so klug und so bedächtig,
Würde sich zu raten wissen
In so schrecklichem Gedränge?

Gibt es jemand wohl hienieden,
Den des Himmels rauhe Härte
Mehr verflocht in schwere Leiden,
Mehr durch Mißgeschick bekämpfte?
Was zu thun in *der* Verwirrung,

Wo unmöglich zu erspähen
Scheint ein Mittel, das erleichtre,
Noch Erleichtrung, die mir helfe?
Seit dem ersten Mißgeschicke
Ist, was vorgeht, was begegnet,
Stets ein neues Mißgeschick;
Denn, einander selbst beerbend,
Folgt dem ersten stets das zweite.
Wie man von dem Phönix meldet,
Stammet eines von dem andern,
Leben aus dem Tode nehmend;
Und mit ihrer Asche bleibt
Immerdar ihr Grab erwärmet.
Feige sei'n die Mißgeschicke,
Sprach ein Weiser; denn man sehe

Keines unbegleitet kommen.
Doch ich sage, sie sind Helden;
Denn sie schreiten immer vor,
Ohne je sich umzuwenden.
Wem sie zum Geleite dienen,
Der kann alles unternehmen;
Denn er fürcht' in keinem Falle,
Daß von ihm sie sich entfernen.
Sagen darf ich's; denn bei allem,
Was im Leben mir begegnet,
Fand ich nie mich sonder Unglück;
Nie ermattet's, bis es endlich

Mich, verwundet vom Geschicke,
Wird im Arm des Todes sehen.
Wehe mir! Was soll ich thun
In der Not, die jetzt mich ängstet?
Sag' ich, wer ich bin, so könnte

Leicht Clotald, dem doch mein Leben
Schutz und Ehre hat zu danken,
Sich von mir beleidigt wähnen;
Denn er sagt mir, daß ich schweigend
Harren soll auf Hilf' und Ehre.
Sag' ich, wer ich bin, Astolfen
Nicht, und wird er hier mich sehen:
Wie verhehl' ich mich vor ihm?
Denn wofern auch sich verstellen
Stimme, Zung' und Augen wollten,
Wird das Herz sie Lügner schelten.
Was zu thun? – Doch warum sinn' ich,
Was ich thun soll? Denn ich werde,

Wie ich auch mich vorbereite,
Alles überdenk' und wäge,
Wenn der Augenblick erscheint,
Doch nur dem Gebot des Schmerzes
Folge leisten. Kann doch niemand
Seines Grams Gewalt beherrschen!
Und da meine Seele zagt,
Eine feste Wahl zu treffen,
Wohl, so komme heut der Schmerz
An sein Ziel, es komm' ans Ende
Heut die Qual; ich will auf einmal
Allem Zweifel und Bedenken
Mich entreißen; doch bis dahin
Steht mir bei, ihr hohen Mächte!

Astolf tritt auf mit Rosauras Bilde.

Astolf. Hier, Prinzessin, ist das Bildnis.
(Rosauren erkennend.)
Was erblick' ich? Gott!

Rosaura. Was setzet
Eure Hoheit in Erstaunen?

Astolf. Dich, Rosaura, hier zu sehen.

Rosaura. Ich, Rosaura? Eure Hoheit
Täuscht sich, mich für eine fremde
Dame haltend; denn ich bin
Nur Asträa. Nicht erwerben
Kann solch Glück sich meine Demut,
In Verwirrung Euch zu setzen.

Astolf. Gnug, Rosaura, sei der Täuschung;
Nimmer lügt ja doch die Seele,

Die in dir Rosauren liebt,
Sieht sie gleich in dir Asträen.

Rosaura. Rätselhaft spricht Eure Hoheit,
Und so kann ich nichts entgegnen.
Dies nur sag' ich, daß Estrella,
Gleich dem Stern der Venus glänzend,
Mir befahl, an diesem Ort
Zu verweilen, bis Ihr kämet,
Um von Euch in ihrem Namen
Jenes Bildnis zu begehren,
Dessen unter euch gedacht,
Und es selbst ihr einzuhänd'gen.
So befahl Estrella mir;
Denn in allem stets, und wär' es
Nur gering und selbst mein Nachteil,
Hat Estrella zu befehlen.

Astolf. Glückt, bei aller deiner Mühe,
Doch, Rosaura, das Verstellen
Dir so schlecht! Gebeut den Augen,
Die Begleitung abzumessen
Nach den Worten; denn nur Mißton,
Uebelklang erzeugt ein jedes
So verstimmtes Instrument,
Das die Falschheit einer Rede
Mit der Wahrheit des Gefühles
Sucht in Harmonie zu setzen.

Rosaura. Ich erwarte, wie gesagt,
Nur das Bild.

Astolf. Da bis ans Ende
Du die Täuschung denkst zu treiben,
Will ich täuschend Antwort geben.
Sag', Asträa, der Prinzessin,
Weil ich sie so hoch verehre,
Schein' es wenig höflich mir,
Nur das Bild, das sie begehrte,
Ihr zu senden; und deshalb,
Daß sie's achten mag und schätzen,
Send' ich das Original;
Und du kannst es dann ihr geben,
Denn du trägst es ja schon bei dir,
Wie du selbst dich bei dir tragest.

Rosaura. Wenn ein Mensch sich vorgenommen,
Standhaft, kühn, mit festem Streben,
Irgend etwas zu vollbringen,
Folgt ihm, könnt' er durch Verträge
Größern Vorteil auch erhalten,
Schimpf und Schmach, wenn er's nicht endet.
Nur ein Abbild soll ich bringen;

Brächt' ich nun das Urbild, wär' es
Auch mehr wert, ich bliebe doch
Stets beschimpft. Und also gebe
Eure Hoheit mir das Bildnis:
Ich darf sonst nicht wiederkehren.

Astolf. Wie dann, geb' ich's dir nun nicht,
Kannst du's bringen?

Rosaura *(greift nach dem Bilde)*. So, Verräter!
Laß es los!

Astolf *(es fest haltend)*. Vergebne Mühe!

Rosaura. Ha, bei Gott! man soll's nicht sehen
In den Händen einer andern.

Astolf. Furchtbar bist du.

Rosaura. Du verrätrisch.

Astolf. Nun genug; du bist ja mein.

Rosaura. Ha, ich dein? Das lügst du, Frevler!

Beide haben das Bildnis angefaßt.

***Estrella** tritt auf.*

Estrella. Was ist dies? Astolf? Asträa?

Astolf *(beiseite)*. Ha, Estrella!

Rosaura *(beiseite)*. Lieb', o schenke
Mir Erfindung, um mein Bild mir
Zu verschaffen! *(Laut.)* Willst du, Herrin,
Wissen, was geschah, so mach' ich
Dir es kund.

Astolf. Halt ein! Bedenke . . .

Rosaura. Du befahlst mir, hier zu warten
Auf Astolf und ein Gemälde
Deinerseits von ihm zu fordern.

Und wie's oftmals pflegt zu gehen,
Daß Gedanken aus Gedanken
Sich erzeugen, kam mir eben,
Da ich so allein hier weilte,
In den Sinn, weil von Gemälden
Du gesprochen, daß ich meines
Bei mir trug. Ich wollt's besehen
(Denn wer einsam ist, pflegt oft
Sich mit Possen zu ergötzen),

Und da fiel mir's aus der Hand
Auf die Erd'. Astolf, der eben
Kam, dir jenes Bild zu bringen,
Hob es auf und denkt so wenig,
Dein Verlangen zu erfüllen,
Daß er, statt dir eins zu geben,
Auch das andre will behalten;
Denn durch Bitten nicht, noch Flehen
Konnt' ich meins zurück bekommen.
Jetzt, in Ungeduld entbrennend,
Wollt' ich's nehmen mit Gewalt.
Jenes Bild in seinen Händen
Ist das meine, wirst du sehn;
Sieh nur zu, es ist mir ähnlich.

Estrella. Gebt das Bildnis wieder, Herzog. *(Sie nimmt es ihm weg.)*

Astolf. Fürstin . . .

Estrella *(es betrachtend)*. Wahrlich, das Gemälde
Ist nicht übel, muß ich sagen.

Rosaura. Ist es meins?

Estrella. Wer kann's verkennen?

Rosaura. Fordre nun von ihm das andre.

Estrella *(gibt ihr das Bild).*
Nimm dein Bildnis hier und gehe.

Rosaura *(beiseite).* Ha, mein Bildnis hab' ich wieder;
Mag nun, was da will, geschehen! *(ab.)*

Estrella. Gebt mir nun das andre Bild;
Denn obwohl ich nie mehr denke
Euch zu sprechen, noch zu sehn,

Will ich's doch in Euern Händen
Nun nicht lassen; bloß vielleicht,
Weil ich einmal es begehrte,
Thöricht gnug.

Astolf *(beiseite).* Wie kann ich glücklich
Diesem harten Drang entgehen?
(Laut.) Ob ich gleich, o schöne Fürstin,
Deinen Willen gern vollstreckte,
Kann ich doch das Bild nicht schaffen,
Das du wünschest; denn . . .

Estrella. Verräter!
Falscher, ungeschlachter Ritter!
Nun sollst du es *nicht* mir geben;
Denn du sollst auf keine Weise
Mich erinnern, wenn ich's nehme,
Daß ich's je von dir verlangt. *(ab.)*

Astolf. Höre, sieh, vernimm, bedenke! –
Ha, verwegene Rosaura!
Wie, woher, auf welchem Wege
Mußtest du nach Polen kommen,
Um uns beide zu verderben? *(ab.)*

Wilde Gegend mit dem Turme, wie im ersten Aufzuge.

Sigismund, wie anfangs, mit Fellen bekleidet und gefesselt, liegt auf dem Boden und schläft. Clotald tritt auf mit zwei Dienern und Clarin.

Clotald. Mag er hier sich wieder finden!
Heut sei Ende, wie Beginn,
Seines Stolzes.

Diener *(Sigismund fesselnd)*. Wie vorhin
Will ich seine Kette binden.

Clarin. Möge nie dein Schlummer schwinden,
Sigismund! dann siehst du nicht,
Welch Verderben dich umflicht:
Denn der Glanz, der dich umgeben,
War ein Schatten nur vom Leben,
Einer Todesflamme Licht.

Clotald. Einem so vernünft'gen Mann
Muß man eine Wohnung schenken,
Wo er in der Kunst, zu denken,
Ungestört sich üben kann.
(Zu den Dienern.) He, ihr Leute, packt ihn all!
Eilt, ihn in den Turm zu bringen.

Clarin. Warum mich?

Clotald. Vor allen Dingen
Sind Clarinen zu bewachen,
Wissen sie geheime Sachen,
Daß sie nicht zu laut erklingen.

Clarin. Will ich denn vielleicht ans Leben
Meines eignen Vaters? Nein!
Warf ich denn ins Meer hinein
Jenen Ikarus, der eben
Vom Altane mußte schweben?
Träum' ich? Schlaf' ich? Sagt, wozu
Dort hinein?

Clotald. Clarin bist du.

Clarin. Daß ihr Zinke denn mich nennt!
Solch ein schmählich Instrument
Hält gewiß die Zung' in Ruh.

Die Diener bringen ihn in den Turm.

*Der **König** tritt auf, verkleidet.*

Basilius. He, Clotald!

Clotald. Verkleidet, hier,
Seh' ich Eure Majestät?

Basilius. Wie es Sigismunden geht,
Zu erfahren – wehe mir! –
Trieb mich thörichte Begier.
Sage, wo ich ihn erblicke.

Clotald. In dein vor'gen Mißgeschicke
Sieh den Armen dort verloren.

Basilius. Ach, unsel'ger Prinz, geboren
In dem schlimmsten Augenblicke!
(Zu Clotald.) Geh, ihn aus dem Schlaf zu stören,
Da durch jenen Schlummertrank
Stärk' und Mut ihm schon entsank.

Clotald. Herr, er redet; ihn bethören
Träume, scheint es.

Basilius. Laß uns hören,
Was ihm jetzt im Traum erschien.

Sigismund *(träumend)*. Gnädig nennt den Fürsten, ihn,
Der, Tyrannen zu verderben,
Sich entschließt. Clotald soll sterben
Und mein Vater vor mir knien.

Clotald. Mit dem Tode soll ich büßen!

Basilius. Mich soll Schimpf und Schmach umgeben!

Clotald. Rauben will er mir das Leben!

Basilius. Liegen soll ich ihm zu Füßen!

Sigismund *(träumend)*. Lauter Jubel soll begrüßen
Auf dem weiten Erdenrund
Diesen Mut; und allen kund
Werde, wenn nun bald der schwache
Vater mir erliegt, die Rache
Des erhabnen Sigismund! *(Er erwacht.)*
Doch, wo bin ich? Wehe mir!

Basilius *(zu Clotald)*. Hier darf er mich nicht gewahren;
Doch du weißt, wie zu verfahren.
Dort, verborgen, horch' ich dir. *(Er tritt zurück.)*

Sigismund. Bin ich's wirklich selbst, der hier
Sich von Ketten sieht beschwert
Und zur Schmach zurückgekehrt?
Seid ihr nicht mein Grab, ihr alten
Mauern? Mag mich Gott erhalten!
Welch ein Traum ward mir beschert!

Clotald *(für sich)*. Um das Meinige zu thun,
Will ich jetzt mich zu ihm machen. *(Zu Sigismund.)*
Ist es Zeit nun, zu erwachen?

Sigismund. Ja, Erwachenszeit ist nun.

Clotald. Wie? Den ganzen Tag zu ruhn,
Ist dein Wille? Kann es sein?
Seit mein Blick, nicht ohne Pein,
Jenem Adler nachgeflogen
Und du ruhig hier verzogen,
Bist du nie erwachet?

Sigismund. Nein.
Und auch jetzt noch wach' ich nicht;
Denn, Clotald, so wie ich glaube,

Bin ich noch dem Schlaf zum Raube.
Und dies ist wohl kein Gedicht;
Denn war *das* ein Traumgesicht,
Was sich mir handgreiflich machte,
So ist Trug, was ich betrachte.
Doch dies kümmert mich nicht sehr;
Schlafend, sah' ich ja nunmehr,
Daß ich träumte, da ich wachte.

Clotald. Nun, im Traume, was geschah?

Sigismund. War es auch ein Traumgeflimmer:
Was ich träumte, sag' ich nimmer;
Doch, was ich erblickte, ja.
Ich erwachte kaum und sah
(Grausam schmeichelndes Gesicht!)
Mich auf einem Bett, das nicht
An der Farben Glanz dem reichen
Frühlingsteppich durfte weichen,
Den der Mai aus Blumen flicht.
Tausend Edle nahm ich wahr,
Die mich ihren Fürsten nannten;
Prächt'ge Kleider, Schmuck, Demanten
Reichten sie mir knieend dar.
Diese Ruh, in der ich war,
Hob sich zum Entzücken schier:
Ich erfuhr mein Glück von dir;
Denn ist hier mein Schicksal herbe,
War ich dort doch Polens Erbe.

Clotald. Guten Lohn verliehst du mir?

Sigismund. Nicht zu gut; denn, für Verrat,
Sucht' ich mit vermeßnem Streben,
Zweimal dir den Tod zu geben.

Clotald. Gegen mich so rauhe That?

Sigismund. Ich, als einz'ger Herr im Staat,
Folgte meiner Rachsucht Trieben.
Nur ein Weib doch mußt' ich lieben,
Und dies, glaub' ich, war kein Trug;
Schwand doch alles rasch genug,
Aber dies ist mir geblieben. *(Der König geht ab.)*

Clotald *(beiseite)*. Mit der innern Rührung Zeichen
Ging der König eben fort.
(Laut.) Redend von dem Adler dort,
Schliefst du ein; von seinesgleichen
Träumtest du, von Königreichen.
Doch auch träumend den zu ehren,
Wäre billig, dessen Lehren
Suchten, deinen Geist zu bilden;
Denn auch in des Traums Gefilden
Darf man Rechtthun nicht entbehren. *(ab.)*

Sigismund. Dies ist Wahrheit; darum zäumen
Wollen wir den rauhen Mut,
Diesen Ehrgeiz, diese Wut,
Wenn wir wieder einmal träumen.
Wohl geschieht's; denn in den Räumen
Dieser Wunderwelt ist eben
Nur ein Traum das ganze Leben;
Und der Mensch (das seh' ich nun)
Träumt sein ganzes Sein und Thun,
Bis zuletzt die Träum' entschweben.
König sei er, träumt der König;

Und, in diesen Wahn versenkt,
Herrscht, gebietet er und lenkt.
Alles ist ihm unterthänig;
Doch es bleibt davon ihm wenig,
Denn sein Glück verkehrt der Tod
Schnell in Staub – o bittre Not!

Wen kann Herrschaft lüstern machen,
Der da weiß, daß ihm Erwachen
In des Todes Traume droht?
Auch der Reiche träumt; ihm zeigen
Schätze sich, doch ohne Frieden.
Auch der Arme träumt hienieden,
Er sei elend und leibeigen.
Träumet, wer beginnt, zu steigen;
Träumet, wer da sorgt und rennt;
Träumet, wer von Haß entbrennt;
Kurz, auf diesem Erdenballe
Träumen, was sie leben, alle,
Ob es keiner gleich erkennt.
So auch träumt mir jetzt, ich sei
Hier gefangen und gebunden;
Und einst träumte mir von Stunden,
Da ich glücklich war und frei.
Was ist Leben? Raserei!

Was ist Leben? Hohler Schaum,
Ein Gedicht, ein Schatten kaum!
Wenig kann das Glück uns geben:
Denn ein Traum ist alles Leben
Und die Träume selbst ein Traum.

Dritter Aufzug.

Im Innern des Turmes.

Clarin. Für das, was ich weiß, geschieht mir's,
In dem Zauberturm zu stecken.
Was wird, was ich *nicht* weiß, kosten,
Kostet, was ich weiß, mein Leben?

Daß ein Mensch mit solchem Hunger
Soll lebend'gen Leibes sterben!
Mitleid hab' ich mit mir selbst;
Alle werden's sagen, denk' ich,
Und sich denken kann man's wohl,
Da zu meinem Namen eben
Nicht dies Schweigen paßt; ich heiße
Ja Clarin, und soll nicht sprechen!
Die mir hier Gesellschaft leisten,
Sind, um frei heraus zu reden,
Weiter nichts, als Mäus' und Spinnen;
Ei, wie allerliebste Lerchen!
Von den Träumen dieser Nacht
Ist mein armer Kopf beständig
Voll von tausend Gaukelspielen,
Von Schalmeien und Trompeten,
Kreuzen und Prozessionen,
Büßenden und Geißeln; jene
Steigen auf, und diese schwinden,
Und in Ohnmacht fallen welche,
Wenn sie sehn, wie andre bluten.
Ich, die Wahrheit zu vermelden,
Fall' in Ohnmacht schier vor Hunger;
Denn hier sitz' ich im Gefängnis
Und studiere Tag für Tag

Die gesamte Hungerlehre,
Und die Wissenschaft des Fastens
Hab' ich dann bei Nacht zu lernen.
Wenn das Schweigen Heil'ge macht,
Wie im neuen Festkalender,
So ist Sankt Sekret mein Heil'ger,
Denn ihm fast' ich, ohn' Ergötzen;
Ob ich gleich für wohl verdient

Diese Züchtigung erkenne,
Denn ich schwieg und bin ein Diener,
Und das ist der größte Frevel.

Trommeln, Trompeten und Geschrei von außen.

Erster Soldat *(von außen)*. Er ist hier, in diesem Turme.
Auf und sprengt die Thür des Kerkers;
Alle dringt hinein!

Clarin. Mein Gott!
Wohl auf mich ist's abgesehen;
Denn sie sagen, ich sei hier.
Was nur soll ich?

Erster Soldat *(von außen)*. Rasch, Gesellen!

Viele Soldaten dringen herein.

Zweiter Soldat. Seht, er ist's!

Clarin. Er ist's nicht.

Alle. Herr!

Clarin *(beiseite)*. Sind sie wohl vom Wein benebelt?

Erster Soldat. Du bist unser rechter Fürst;
Denn wir wollen und erkennen
Nur den angestammten Herrn,

Nicht den Fürsten aus der Fremde.
Laß uns deine Füße küssen!

Alle. Unser großer Fürst soll leben!

Clarin *(beiseite)*. Nun, bei Gott! sie machen Ernst.
Ist es Brauch in dieser Gegend,
Daß sie täglich sich zum Fürsten
Einen ausersehn und stecken
Dann ihn in den Turm? Gewiß!

Denn noch konnt' ich's täglich sehen.
Nun, die Rolle nehmen muß ich.

Alle. Gönn' uns deine Füße!

Clarin. Schwerlich:
Denn ich brauche sie ja selbst.
Und mit einem Fürsten stänď es
Traurig, wär' er ohne Füße.

Zweiter Soldat. Alle, die wir sind, erklärten
Deinem Vater, daß wir keinen,
Außer dir, als Herrn erkennen;
Nicht Astolfen.

Clarin. Meinen Vater
Respektiertet ihr so wenig?
Ihr seid einer wie der andre.

Erster Soldat. Treue war es unsrer Herzen.

Clarin. War es Treue, so verzeih' ich.

Zweiter Soldat. Komm, dein Reich dir herzustellen.
Lebe, Sigismund!

Alle. Leb' hoch!

Clarin *(beiseite)*. Sagt er Sigismund? Noch besser!
Sigismund, so heißen alle
Nachgemachte Prinzen, denk' ich.

***Sigismund** tritt auf.*

Sigismund. Wer hier nannte Sigismund?

Clarin *(beiseite)*. Weh! mein Reich ist schon zu Ende.

Erster Soldat. Wer ist Sigismund?

Sigismund. Ich bin's.

Zweiter Soldat *(zu Clarin)*. Wie? Du frecher Narr begehrtest,
Dich zum Sigismund zu machen?

Clarin. Ich, zum Sigismund? Wohl schwerlich!
Denn ihr selber habt mich ja
Sigismundisiert; deswegen
Seid ihr eben ganz allein
Hier die Narren und die Frechen.

Erster Soldat. Sigismund, erhabner Fürst!
Diese Fahnen, die hier wehen,
Sind die deinen; unsre Treue
Ruft dich aus zu unserm Herrscher.
Fürst Basilius, dein Vater,
Welcher sorgt, der Himmel werde
Jene Weissagung erfüllen,
Daß er einst, besiegt, sich sehen
Soll zu deinen Füßen, trachtet,
Recht und Anspruch dir zu nehmen
Und Astolfen sie, dem Herzog
Moskaus, zu verleihn; deswegen
Rief er seinen Hof. Das Volk,
Ahnend, wissend schon, es lebe
Ihm ein angestammter König,
Will nicht dulden, daß ein Fremder
Ihm gebieten mag; und so,
Mit großherzigem Verschmähen
Jener harten Schicksalsdrohung,
Sucht es hier dich, wo du lebest
In der Haft, daß du, mit Hilfe
Seines Arms, hervor nun tretest
Aus dem Turm und dir erstattest
Deines Reiches Kron' und Zepter,
Sie entreißend dem Tyrannen.
Tritt hervor! Zahllose Heere
Von Verbannten und Gemeinen,
Hier in Wüsten sich gesellend,

Rufen dich; dein harrt die Freiheit.
Horch, wie sie die Stimm' erheben!

Stimmen *(außerhalb)*. Lebe, Sigismund! Leb' hoch!

Sigismund *(für sich)*. Noch einmal (ihr Himmelsmächte,
Was ist dies?) soll ich von Hoheit
Träumen, so die Zeit entwendet?
Noch einmal soll ich, von Schatten
Und Phantomen rings umgeben,
Alle Majestät und Größe
Sehn vom Windeshauch verwehet?
Noch einmal soll ich Enttäuschung,
Soll ich die Gefahr bestehen,
Der schon die Geburt uns Arme
Hingibt, die wir scheun im Leben?
Nein, es soll nicht, soll nicht sein!
Seht mich nochmals unterthänig
Dem Geschick; und da ich weiß,

Nur ein Traum sei alles Leben,
So entflieht, ihr hohlen Schatten,

Die ihr meinen Dumpfsinn äffet

Mit Gestalt und Stimm', obwohl
Euch Gestalt und Stimme fehlen.
Ich will nicht erlogne Hoheit;
Kein phantastisches Gepränge
Will ich, keine leere Täuschung,
Die der Lüfte leises Wehen
Wieder auflöst in ihr Nichts:
Wie's dem Mandelbaum ergehet,
Welcher, ohne Rat und Warnung,
Sich zu früh mit Blüten decket,
Die beim ersten Hauch verschwinden

Und, verwelkend und ersterbend,
Seinen rosenfarbnen Locken
Schönheit, Glanz und Zierde nehmen.
O, ich kenn', ich kenn' euch schon!
Und ich weiß ja, euch begegnet
Gleiches nur wie jedem Träumer.
Mich kann nichts Erlognes blenden.
Denn der Täuschung längst entflohn,
Weiß ich, Traum ist alles Leben.

Zweiter Soldat. Wenn du glaubst, daß wir dich täuschen,
Wend' auf jene stolzen Berge
Nur dein Aug' und sieh die Scharen,
Die nach deinem Blick sich sehnen,
Um dir zu gehorchen.

Sigismund. Schon
Einmal sah ich ganz dasselbe,
Grade so bestimmt und deutlich,
Als ich eben jetzt es sehe;
Und doch träumt' ich.

Zweiter Soldat. Große Dinge
Künden immer, großer Herrscher,
Sich durch Ahnung an; und diese
War's, wenn du's im Traum gesehen.

Sigismund. Du sagst recht, wohl war es Ahnung;
Und wenn's Wahrheit auch gewesen,
Ist das Leben doch so kurz!
Laß uns träumen, träumen, Seele,
Noch einmal! Doch mit Bedacht
Und mit Vorsicht soll's geschehen;
Denn man wird uns vom Genuß
Einst zur besten Zeit erwecken.
Wer sich weislich auf Enttäuschung

Vorbereitet, fühlt sie wen'ger;
Denn zuvor dem Uebel kommen,
Heißet, mit dem Uebel scherzen.
Und nun, dies vorausgesetzt,
Daß, auch wenn sie wirklich wäre,
Alle Macht, als bloß verliehen,
Wiederkehrt zu ihrem Lehnsherrn,
Laßt uns alles kühnlich wagen! –
Dank, Vasallen, daß ihr's redlich
Mit mir meint. Ihr habt an mir
Den, der klug und keck euch rettet
Von der fremden Sklaverei.
Rührt die Trommeln! Schleunig sehen
Sollt ihr meinen Heldenmut.
Meinen Vater zu bekämpfen,

Ist mein Will', und kund zu thun,
Daß der Himmel wahr geredet;
Liegen muß er mir zu Füßen.
(Für sich.) Aber wie? Erwacht' ich eher,

Wär's nicht besser, davon schweigen,
Falls ich's nicht vollführen werde?

Alle. Lebe, Sigismund, leb' hoch!

Clotald *tritt auf.*

Clotald. Himmel! Welchen Aufruhr seh' ich?

Sigismund. Ha, Clotald!

Clotald. Mein Prinz! *(Beiseite.)* Auf mich
Fällt sein ganzer Zorn.

Clarin *(beiseite)*. Ich wette,
Daß er gleich vom Berg ihn schleudert. *(ab.)*

Clotald *(niederknieend)*. Meines Todes sicher, leg' ich
Mich zu deinen Füßen.

Sigismund *(ihn aufhebend)* Auf doch,
Auf doch, Vater, von der Erde!
Leitstern sollst du mir und Führer
Sein auf meines Glückes Wegen;
Denn ich weiß ja, meine Bildung
Dank' ich deinen treuen Lehren.
Komm, umarme mich.

Clotald. Was sagst du?

Sigismund. Daß ich träum' und daß ich denke,
Recht zu handeln; denn auch träumend
Darf man Rechtthun nicht entbehren.

Clotald. Nun, mein Prinz, wenn, recht zu handeln,
Jetzt dein Wahlspruch ist, so kränkt es
Dich gewiß nicht, daß auch ich
Heute nach dem Gleichen strebe.
Du bekriegest deinen Vater?
Nicht dir raten, nicht dir helfen
Kann ich gegen meinen König.
Dir zu Füßen lieg' ich; räche
Dich durch meinen Tod. *(Er kniet.)*

Sigismund. Treuloser!
Undankbarer! *(Für sich.)* Ich vergesse,
Mich zu mäß'gen; weiß ich, Himmel!
Ob nicht Träume mich umschweben?
(Laut.) Euern Mut, Clotald, beneid' ich,
Und ich weiß ihn zu erkennen.
Geht und dienet Euerm König.
Geht; wir sehen uns im Felde. –
Auf, Gefährten, rührt die Trommeln!

Clotald. Ewig werd' ich dich verehren. *(ab.)*

Sigismund. Schicksal, wohl, wir gehn zum Throne!
Träum' ich, wolle nicht mich wecken;
Ist es Wahrheit, laß mich wachen!
Doch, sei's Traum, sei's Wahrheit eben:
Recht thun muß ich; wär' es Wahrheit,
Deshalb, weil sie's ist; und wär' es
Traum, um Freunde zu gewinnen,
Wenn die Zeit uns wird erwecken.

Trommeln. Alle ab.
Zimmer im königlichen Palaste.

*Der **König** und **Astolf** treten auf.*

Basilius. Wer kann, Astolf, in ihrem Laufe hemmen
Des Rosses Wut, frei von des Zügels Zwange?

Wer die Gewalt des stolzen Stromes dämmen,
Der sich zum Meere wälzt mit raschem Drange?
Wer einem Bergsturz sich entgegen stemmen,
Der niederkracht vom jähen Felsenhange?
Doch alles findet Aufhalt und Erschwerung
Viel leichter noch, als stolzer Völker Gärung.

Wohl wird's durch der Parteien Sturm verkündet;
Denn aus der Bergeskluft, mit lautem Dröhnen,
Läßt Echo, von entzweiter Wut entzündet,
Bald Sigismund und bald Astolf ertönen.
Der alte Thron, auf Eid und Pflicht gegründet,
Muß neuer Absicht, neuem Grausal frönen,
Ein Frevelschauplatz, wo, uns zur Bedrängnis,
Mit Trauerspielen schrecket das Verhängnis.

Astolf. Die Freude, Herr, sei jetzt noch unterbrochen,
Des Ruhmes Glanz, die schmeichelnden Genüsse,
So deine Hand beglückend mir versprochen.
Wenn Polen, wider deiner Huld Beschlüsse,
Gehorsam mir versagt mit stolzem Pochen,
So ist's, daß ich ihn erst verdienen müsse.
Gebt mir ein Roß, und fahr's in stolzen Wettern
Als Blitz herab, verkündend Donnerschmettern. *(ab.)*

Basilius. Unwiderstehlich ist des Schicksals Lenkung
Und oft gefahrvoll, sie voraus erfahren.
Nicht schützen kann sich menschliche Beschränkung;
Denn Schlimmes lockt man durch zu ängstlich Wahren.

Grausam Gebot! Hart Schicksal! Schwere Kränkung!
Gefahren fliehn, das bringt erst in Gefahren.
Mein Unglück wird, was Schutz mir sollt' erwerben;
Ich selbst, ich wirkte meines Reichs Verderben.

***Estrella** tritt auf.*

Estrella. Eilt deine Gegenwart nicht bald, zu zäumen
Den Aufruhr, Herr, der frech und ohne Hülle,
Von Schar zu Schar, umher auf allen Räumen,
Durch alle Gassen schwärmt mit Wutgebrülle:
So wird gar bald dein armes Reich erschäumen
Von Wogen, die des eignen Blutes Fülle
Zum Purpur färbt; denn schon, so weit wir schauen,
Ist alles rings Verderben, alles Grauen.

So furchtbar ist im Reiche die Empörung,
So mächtig schon des blut'gen Hasses Dauer,
Daß man beim Anblick starrt, bebt bei der Hörung;
Die Sonn' erbleicht, die Luft durchwehet Schauer.
Ein jeder Stein wird Denkmal der Zerstörung
Und jede Blume Monument der Trauer;

Ein stolzes Grab ist jedes Haus im Reiche,
Ein jeder Krieger schon lebend'ge Leiche.

***Clotald** tritt auf.*

Clotald *(zum König)*. Dem Himmel Dank! Ich nahe dir, lebendig.

Basilius. Sag' an, Clotald, wie steht's um Sigismunden?

Clotald. Das Volk, ein Ungeheuer, wild, unbeständig,
Drang in den Turm, aus dem, der Scheu entbunden,
Es seinen Fürsten zog, der kühn, unbändig,
Sobald er die erneute Macht empfunden,
Den Mut erhob und schwur, die ew'ge Wahrheit
Des Himmels darzuthun in voller Klarheit.

Basilius. Gebt mir ein Roß! Dem undankbaren Sohne
Will ich mit eigner Hand den Sieg entringen;
Und rühmlich soll, zum Schutze meiner Krone,
Was Wissen fehlte, nun das Schwert vollbringen. *(ab.)*

Estrella. Und an der Seite Sols bin ich Bellone,
Mein Name soll mit seinem auf sich schwingen;
Denn raschen Flugs will ich ins Feld mich werfen
Und um den Preis wetteifern mit Minerven. *(ab.)*

Man schlägt Lärm.

Rosaura tritt auf und hält Clotald zurück.

Rosaura. Rufet gleich zu Kampf und Sieg
Dich dein Mut mit edelm Grimme,
Dennoch höre meine Stimme;
Denn auch hier ist alles Krieg.
Wohl ist dir es nicht verborgen,
Daß ich elend, arm, voll Gram,
Ohne Schutz nach Polen kam;
Doch du wolltest für mich sorgen,
Und mir riet dein mildes Herz,

Daß ich, fremde Kleidung wählend,
Im Palaste mich verhehlend,
Bergen sollte Lieb' und Schmerz
Und Astolfen fliehn. Indessen
Ward er mich gewahr; und doch
Spricht er, diesen Abend noch,
Mit Estrella, ehrvergessen,
Dort im Park. Nun siehe, mein
Ist der Schlüssel zu dem Garten;
Dort nun kannst du seiner warten,

Um zu enden meine Pein.
Dort, durch Kühnheit, Kraft und Mut,
Kannst du mir die Ehr' erneuen;
Denn ich weiß, du wirst nicht scheuen,
Mich zu rächen durch sein Blut.

Clotald. Es ist wahr, ich muß es sagen,
Seit ich dich zuerst gesehn,
Fühlt' ich mir den Trieb entstehn
(Zeugen sind ja deine Klagen),
Alles gern für dich zu thun.
Erst sucht' ich dich zu bewegen,
Jene Kleidung abzulegen;
Daß, säh' auch Astolf dich nun,
Er dich säh' in *deiner* Tracht
Und so thöricht kühnes Walten
Nicht für Leichtsinn möchte halten,
Der die Ehr' unheilbar macht.
Dann bedacht' ich einen Plan
Zur Erstattung deiner Ehre,
Die du eingebüßt, und wäre
(So viel lag mir selbst daran)
Auch der Preis Astolfens Leben.
Aberwitzige Zuversicht!

Doch er ist mein König nicht,
Und so darf ich nicht erbeben.
Töten wollt' ich ihn fürwahr;
Doch, als Sigismund entbrannte,
Mich zu töten, da verwandte,
Trotz der eigenen Gefahr,
Seine Neigung mir bezeigend,
Er für mich den höchsten Mut,

In verlegner Zornesglut
Alle Kühnheit übersteigend.
Sollt' ich nun dem Dankgebot
Meines Herzens widerstreben?
Dem, der mir einst gab das Leben,
Geben sollt' ich *dem* den Tod?
Und so, da ich Lieb' und Bangen
Gleich verteilt euch beiden habe,
Weil ich dir verliehn die Gabe,
Die ich selbst voll ihm empfangen:
Weiß ich nicht, wem meine Hand
Hilf' und Beistand solle weihn,
Wenn ich dir mich durch Verleihn,
Durch Empfangen ihm verband.
Und so, wie sich's auch entscheidet,
Bleibt mein Kummer unverwandelt;
Denn *ich* bin es, welcher handelt,
Und *ich* bin es, welcher leidet.

Rosaura. Keinem ist es je entgangen,
Daß, wie einen Mann von Wert
Immerdar das Geben ehrt,
So ihn schändet das Empfangen.
Denkst du hierin gleich mit mir,
Bist du nicht zum Dank verbunden;
Denn hast du an ihm gefunden

Den, der einst das Leben *dir*,
Wie du *mir* es gabst: so hat
Er gezwungen deinen Adel
Nur zu einer That voll Tadel,
Ich zu einer edeln That.
Folglich hat *er* dich gekränkt,

Wie ich dich verpflichtet habe;
Gabst du nämlich mir die Gabe,
Die du nahmst von ihm geschenkt.
Und so darf ich kühn verlangen
Ehrenschutz von deinem Mut;
Denn ich geh' ihm vor, so gut
Wie das Geben dem Empfangen.

Clotald. Kann der Geber auch allein
Adel der Gesinnung hegen,
So muß Dankbarkeit dagegen
Des Empfängers Tugend sein.
Längst schon ward zum Eigentum,
Weil ich wohl zu geben weiß,
Mir des Edelmutes Preis:
Laß mir auch des Dankes Ruhm,
Da ich jetzt ihn kann erlangen,
Wenn ich Dankbarkeit so gut
Ueben werd', als Edelmut;
Denn, wie Geben, ehrt Empfangen.

Rosaura. Leben hast du mir gewährt;
Aber, als ich es bekommen,
Hab' ich von dir selbst vernommen,
Leben, das ein Schimpf entehrt,
Sei kein Leben; drum ist klar,
Daß ich nichts empfangen habe,
Weil das Leben, jene Gabe
Deiner Hand, kein Leben war.

Und wenn eher nun, zu geben,
Als zu danken, dir gebührt,
Wie du selber angeführt:
Wohl, so gib mir jetzt das Leben,

Denn noch gabst du mir es nicht;
Und weil Geben höher adelt,

Gib zuerst, und ungetadelt
Ueb' hernach des Dankes Pflicht.

Clotald. Wohl denn! Ueberzeugt von dir,
Ueb' ich erst den Edelmut:
Haben sollst du all mein Gut;
Doch, Rosaura, folge mir,
Geh ins Kloster; du ersinnst
Für dein Wohl nichts so entscheidend,
Weil du, ein Verbrechen meidend,
Einen Zufluchtsort gewinnst.
Denn da dieses Reich im schweren
Sturm der Zwietracht scheint verloren,
Darf, als Edelmann geboren,
Ich das Unheil nicht vermehren.
Aber wenn ich so geholfen,
Handl' ich an dem Reiche gut,
Gegen dich mit Edelmut,
So wie dankbar an Astolfen.
Drum, zu deiner eignen Ehre,
Wähle nach Vernunft und Pflicht;
Denn, bei Gott! mehr thät' ich nicht,
Wenn ich auch dein Vater wäre.

Rosaura. Wärest du mein Vater, dann
Würd' ich diesen Schimpf verzeihn;
Aber da du's nicht bist – nein!

Clotald. Und was willst du thun? Sag' an!

Rosaura. Ihn ermorden.

Clotald. Wie? Und wäre
So von Mut ein Weib entbrannt,
Das den Vater nicht gekannt?

Rosaura. Ja.

Clotald. Was treibt dich an?

Rosaura. Die Ehre.

Clotald. In Astolfen mußt du sehn . . .

Rosaura. Nie soll meine Rach' ermatten!

Clotald. Deinen Herrn, Estrellas Gatten.

Rosaura. Ha, bei Gott! nie soll's geschehn.

Clotald. Raserei!

Rosaura. Ich seh' es ein.

Clotald. Dämpfe sie.

Rosaura. Wie sollt' ich's können?

Clotald. Du verlierst . . .

Rosaura. Ich will's vergönnen.

Clotald. Ehr' und Leben.

Rosaura. Mag es sein!

Clotald. Und dein Ziel?

Rosaura. Zu sterben.

Clotald. Glut
Der Verzweiflung!

Rosaura. Ehrenpflicht.

Clotald. Unverstand!

Rosaura. Nein, Zuversicht.

Clotald. Tollheit ist es.

Rosaura. Rache, Wut.

Clotald. Gibt's auf Erden denn nicht *eines*,
Diesen Sturm zu bänd'gen? Sprich!

Rosaura. Nein.

Clotald. Wer wird dir beistehn?

Rosaura. Ich.

Clotald. Und kein Mittel weiter?

Rosaura. Keines.

Clotald. Denk', ob nicht ein andrer Schritt . . .

Rosaura. Jeder Schritt führt ins Verderben. *(ab.)*

Clotald. Wohl, so will ich mit dir sterben;
Warte, Tochter, nimm mich mit. *(ab.)*

Gebirg und Wald.

Sigismund tritt auf, mit Fellen bekleidet. Ihm folgen Clarin und ein großer Zug von Soldaten, mit kriegerischer Musik.

Sigismund. Könnt' heut mich Roma sehen,
Geschmückt mit ihrer Jugend Siegstrophäen,
Wie würde sie des neuen,
Noch nie erlebten Zufalls sich erfreuen,
Der ihr ein Untier gönnte,
Das ihrer Scharen Kraft beherrschen könnte
Und dem, mit solchem Heere,

Des Firmaments Erobrung Leichtes wäre!
Doch hemme noch die Schwingen,

Mein Geist; nach ungewissem Ruhm zu ringen,
Bezähme das Gelüste,
Weil ich, erwacht, mit Schmerz erfahren müßte,
Der Ruhm, den ich gewonnen,
Sei wie ein Traum zerronnen.
Je minder ich gewinne,
Je minder schmerzt es mich, daß er zerrinne.

Trompetenstoß.

Clarin. Auf einem raschen Pferde –
(Ich mal' es dir, vergib mir die Beschwerde,
Unmöglich kann ich's lassen)
Es scheint die ganze Welt in sich zu fassen.
Der Leib, wenn ich nicht fehle,
Ist Erde ja, und Feuer ist die Seele;
Luft ist der Hauch, und Wasser ist im Schaume;
Ein Chaos zeigt sich in so engem Raume.
Leib, Seele, Hauch, Schaum macht's zum Ungeheuer,
Gemischt aus Erde, Wasser, Luft und Feuer.
Es ist ein Apfelschimmel,
Schön durch der Flecken zierliches Gewimmel.
Spornt man's, so ist sein Rennen
Kein Lauf, ein Flug zu nennen.
Auf diesem Rosse wendet
Ein schönes Weib sich her.

Sigismund. Glanz, der mich blendet!

Clarin. Rosaura steigt hernieder. *(ab.)*

Sigismund. Der Himmel schenkt sie meinen Blicken wieder.

Rosaura tritt auf, mit Mantel, Schwert und Dolch.

Rosaura. Großgesinnter Sigismund,
Dessen Hoheit, mutentglommen,
Aus der Nacht, die sie umschattet,

Dringt zu ihrer Thaten Morgen;
Gleich dem obersten Planeten,
Welcher aus dem Arm Aurorens
Wiederkehrt mit neuem Schimmer
Zu den Pflanzen, zu den Rosen
Und der über Meer' und Berge,
Wann er kommt mit seiner Krone,
Licht verbreitet, Strahlen funkelt,
Färbt die Gipfel, säumt die Wogen:
So erleuchte jetzt die Erde,
Strahlenreiche Sonne Polens,
Und laß ein unsel'ges Weib,
Hingestreckt vor deinem Throne,
Schutz erlangen, weil sie Weib
Und unglücklich ist, zwei Worte,
Deren jedes hinreicht, jedes
Schon zu viel ist zur vollkommnen
Schutzverpflichtung eines Mannes,
Der sich rühmt des Heldenlobes.
Dreimal sahest du mich schon,
Und dreimal blieb dir verborgen,
Wer ich bin; denn dreimal sahst du
Andre Tracht an mir und Formen.
Bei dem ersten Mal erschien ich
Dir als Mann im festumschloßnen
Kerker, wo dein elend Dasein
Meinem Unglück ward zum Troste.

Bei dem zweiten Mal erblicktest
Du als Weib mich, da die stolze
Pracht der Hoheit dir zum Traume
Ward, zum Schatten, zum Phantome.
Und das dritte Mal ist heute,
Da ich, schier zum Zwitter worden,

Bei der Frauen heiterm Schmuck
Männerwaffen mir erkoren;
Aber um dein Mitleid kräft'ger
Mir zum Beistand aufzufordern,
Wird mir meines unglücksreichen
Lebenslaufs Erzählung frommen.
An dem Hofe Moskaus hat
Mich ein edles Weib geboren,
Das gewiß von großer Schönheit
Mußte sein, ihr Leid erwogen.
Auf sie heftete die Augen
Ein Verräter; zwar verborgen
Ist sein Name mir geblieben,
Doch sein Heldenmut erprobet
Sich an meinem; denn, als Abbild
Seiner Seele, fühlt die Tochter
In sich kein so edles Blut,
Daß sie thöricht wählten sollte,
Er sei solch ein Gott, wie jener,
Der, verwandelt, einst als goldner
Regen, Schwan und Stier sich zeigte
Danaen, Leda'n und Europen.
Da ich sorgte, durch Erwähnung
So verrätrischer Historien
Abzuschweifen, find' ich nun
Schon gesagt mit wenig Worten,

Daß die Mutter, überredet
Durch der Liebe falsches Kosen,
Schöner war, als dieser keine,
Und, wie alle, ward verstoßen.
Weil er trügrisch ew'ge Treue
Und Vermählung ihr gelobte,
Kam's dahin, daß die Erinnrung

Weint noch heut um die Betrogne;
Denn ihr ließ, so sehr Aeneas
Seines Trojas, der Treulose
Nichts zurück, als diesen Degen.
Sei die Klinge noch verborgen;
Denn entblößen will ich sie,
Eh ich den Bericht geschlossen.
Aus so schlecht gefügtem Bande,
Das nicht binden, fesseln konnte
(War es Ehe, war's Verbrechen,
Beides kann mir wenig frommen),
Stamm' ich ab, als meiner Mutter
Abbild und Kopie geboren;
Denn ich gleich' ihr, nicht an Reiz,
Doch an Thun und Leid vollkommen.
Und somit ist schon gesagt,
Daß ich wenig Glück genossen
Und, als ihres Schicksals Erbin,
Gleiches Mißgeschick erprobet.
Was ich mehr vermag zu sagen,
Ist der Name des Treulosen,
Der nur meines Rufs Trophäen,
Meiner Ehre Schmuck gestohlen.
Fürst Astolf (weh! bei dem Namen
Füllt sich mit Verdruß und Zorne

Meine Brust; den Feind zu nennen,
Hat notwendig dies zur Folge),
Fürst Astolf war der Verräter,
Der, vergessend seiner Wonnen
(Leicht entfliegt ja die Erinnrung,
Ist die Lieb' einmal entflogen),
Angelockt vom reichen Glanze
Der Erobrung, kam nach Polen

Zur Vermählung mit Estrella,
Dieser Fackel meines Todes.
Wer wird glauben, wenn ein Stern
Der Geliebten Bund geschlossen,
Daß ein andrer Stern, Estrella,
Nun sie wieder trennen sollte?
Ich, beleidigt, ich, verhöhnet,
War bekümmert, war verworren,
War getötet, kurz, war ich;
Dieses heißt: der Hölle Toben
Und Verwirrung war im Babel
Meines Innern eingeschlossen;
Und mich nun für stumm erklärend
(Denn es gibt der Leiden solche,
Die viel besser durch Gefühle
Kund sich geben, als durch Worte),
Sagt' ich meine Leiden schweigend,
Bis an einem stillen Morgen
Violante, meine Mutter,
Einst den Kerker brach; da wogten
Sie hervor aus meinem Busen,
Eins vom andern fortgezogen.
Mich verwirrt' es nicht, zu reden;
Denn sobald uns kund geworden,

Jemand, dem wir Schwachheit beichten,
Sei der Schwachheit Mitgenosse,
Hoffen wir, er wird mit milder
Nachsicht uns entgegen kommen;
Und so wirkt ein schlimmes Beispiel
Manchmal Gutes. Mitleid zollend,
Hörte sie mein Leid und stellte
Mir ihr eignes vor zum Troste:
War der Richter einst Verbrecher,

O wie leicht vergibt ein solcher!
Sie, durch eigne Not gewitzigt,
Und um nicht von sorgenloser
Muße, von bequemer Zeit
Ihrer Ehre Heil zu borgen,
Ließ mich ruhig nicht im Unglück.
Daß ich dem Verführer folgte,
War ihr Rat, und durch die feinste
Kunst der Lieb' ihn nöt'gen sollte,
Meiner Ehre Schuld zu zahlen.
Um nun leichter fortzukommen,
Hüllt' ich mich in Männertracht,
Meines Schicksals Wink befolgend.
Drauf, ein altes Schwert mir reichend,
Dieses, das ich mitgenommen
(Nun ist Zeit, daß seine Klinge
Sich entblößt, wie ich versprochen),
Sprach die Mutter, im Vertrauen
Auf dies Merkmal: "Geh nach Polen
Und bemühe dich, daß diesen
Stahl die Edelsten des Hofes
An dir sehn; denn ihrer einer
Wird vielleicht wohl mitleidsvollen

Schutz gewähren deinem Unglück,
Rat und Tröstung deinen Sorgen."
So erreicht' ich dieses Land.
Uebergehn wir (wiederholen,
Was du weißt, wär' überflüssig),
Daß die Wildheit meines Rosses
Mich zu deiner Höhle brachte,
Wo du staunend sahst mein Kommen.
Uebergehn wir, daß Clotald,
Rasch von Mitgefühl bewogen,

Um mein Leben bat den König
Und daß dieser es verschonte;
Daß Clotald, da er erfahren,
Wer ich sei, mir riet, ich solle
Wechseln meine Tracht und Dienste
Nehmen an Estrellas Hofe,
Wo ich stört' in seiner Liebe
Und Vermählung Fürst Astolfen.
Uebergehn wir, daß du nochmals
Staunend mich erblicktest dorten,
Nochmals zwei Gestalten mengtest,
Durch die Kleidung irr geworden;
Und vernimm nun, daß Clotald,
Ueberzeugt, es werd' erfordert,
Daß der Herzog und Estrella
Gatten sei'n und Herrscher Polens,
Ehrenwidrig jetzt mir rät,
Meinen Anspruch aufzuopfern.
Nun, o tapfrer Sigismund,
Da der Rache Zeit gekommen
(Denn der Himmel hat entschieden,
Daß du nun durchbrechen sollest

Niedriger Gefangenschaft
Düstern Kerker, wo du wohntest,
An Empfindung fast ein Tier,
An Geduld ein Fels geworden),
Da du gegen deinen Vater
Und dein Land den Kampf beschlossen,
Komm' ich, dir zu helfen, mischend
Zu Dianens reichem Pompe
Der Minerva Kriegesrüstung,
Teils gehüllt in seidne Stoffe,
Teils bedeckt mit hartem Stahle,

Mir vereint zum Schmuck erkoren.
Auf nun, tapfrer Oberherr!
Sieh, uns beiden muß es frommen,
Zu verhindern, zu vernichten
Jenen Bund, den man beschlossen:
Mir, daß der sich nicht vermähle,
Der die Ehe mir versprochen;
Und dir, daß nicht ihrer Staaten
Bündnis unsers Sieges Glorie,
Durch der Stärk' und Macht Vermehrung,
Zweifelhaft zu machen drohe.
Als Weib komm' ich, dich zur Rettung
Meiner Ehr' itzt aufzufordern;
Und als Mann, dich anzufeuern
Zur Ergreifung deiner Krone.
Als Weib komm' ich, dich zu rühren,
Hingeschmiegt zu deinen Sohlen;
Und als Mann, dir meines Schwertes,
Meines Lebens Dienst zu zollen.
Und so wisse, wenn du heut
Mir, als Weib, mit Liebe drohest,

Geb', als Mann, ich dir den Tod,
Zur Verteid'gung fest entschlossen
Meiner Ehre; denn ich bin,
Sie durch Liebe wiederfordernd,
Weib, um dir mein Leid zu klagen,
Mann, um Ehre zu erobern.

Sigismund *(für sich)*. Laß, o Himmel, träum' ich Wahrheit,
Mein Gedächtnis plötzlich stocken!
Denn unmöglich hält ein Traum
So viel Ding' in sich geschlossen.
Stehe Gott mir bei! Wer könnte
Glücklich aus dem allen kommen,

Oder auch an keines denken?
Gibt es Zweifel, qualenvoller?
Wenn ich jene Hoheit träumte,
Die mich dort umgab: wie konnte
Dieses Weib so unfehlbare
Zeichen jetzt mir wiederholen?
Wahrheit also war's, kein Traum!
Und wenn Wahrheit (was mir Sorgen
Nicht geringrer Art erweckt),
Wie kann meines Lebens Folge
Traum es nennen? Gleicht dem Traume
Denn die Hoheit so vollkommen,
Daß man diese, wenn auch wahr,
Achtet manchmal für erlogen
Und erdichtete für wirklich?
Sind sie nur so schwach gesondert,
Daß man fragen muß, ob das,
Was gesehn wird und genossen,
Wahrheit oder Lüge sei?

Haben Bild und Nachbild solche
Große Gleichheit, daß ein Zweifel,
Welches echt sei, würd' erhoben?
Ist es so, und muß man endlich
Sehn verschwinden gleich Phantomen
Alle Majestät und Pracht,
Alle Größe, Macht und Glorie:
So gebrauchen wir die Zeit,
Die uns hier zu teil geworden,
Weil man nur in ihr genießet,
Was in Träumen wird genossen.
Mich entflammt Rosauras Reiz,
Meiner Macht jetzt unterworfen.
Nutzen wir den Augenblick!

Breche Liebe die Gebote
Strenger Ehr' und das Vertrauen,
Das zum Schutz mich aufgefordert!
Dies ist Traum; und weil's das ist,
Laßt uns träumen jetzt von Wonne,
Die doch einst in Leid sich wandelt! –
Doch mit meinen eignen Worten
Widerleg' ich selber mich.
Ist es Traum, ist's eitle Glorie:
Wer, für Glorien der Erde,
Möchte Himmelsglorien opfern?
Ist vergangnes Gut nicht Traum?
Wer hat Heldenglück gewonnen,
Der, bei dieses Glücks Erinnrung,
Zu sich selber nicht gesprochen:
Ohne Zweifel träumt' ich alles,
Was ich sah? Steht diese Probe
Mir bevor; ist eine schöne

Flamme des Genusses Wonne,
Die in Asche bei dem leisen
Hauch der Morgenluft verlodert:
Laßt uns denn das Ew'ge suchen,
Jenen Ruhm, den wandellosen,
Wo das Glück kein Schlummer ist
Und kein Traumgebild die Krone. –
Ihrer Ehr' entbehrt Rosaura;
Doch vom Fürsten wird gefordert,
Sie zu geben, nicht zu rauben.
Ja, beim Himmel! die verlorne
Will ich wieder ihr erkämpfen,
Eher, als mir meine Krone.
Fliehn wir der Gelegenheit
Mächt'ge Lockung! *(Zu den Seinen.)*

Rührt die Trommeln!
Denn ein Treffen will ich liefern,
Eh die düstre Nacht der Sonne
Goldnen Schimmer wird begraben
In die dunkelgrünen Wogen.

Will gehen.

Rosaura. Herr, warum so schnell enteilst du?
Wie? Mit keinem einz'gen Worte
Willst du meinen Kummer trösten,
Noch des Herzens Angst belohnen?
Ist es möglich, Herr? Du hältst
Aug' und Ohr vor mir verschlossen?
Du verbirgst mir selbst dein Antlitz?

Sigismund. Ja, Rosaura; Ehre fordert,
Daß ich jetzt dich hart behandle,
Um mein Mitleid dir zu zollen;

Antwort weigert dir mein Mund,
Daß die Ehre dir antworte;
Reden will ich nicht, weil jetzt
Thaten für mich reden sollen,
Noch dich anschaun, weil im Drange
Solcher harten Qual es not ist,
Der Beschauung deiner Ehre
Deiner Reize Schaun zu opfern.

Er geht mit dem Heere ab.

Rosaura. Welch ein rätselhaft Betragen!
Soll, zu meines Leids Vermehrung,
Ich mich nun noch mit Erklärung
Doppelsinn'ger Worte plagen?

Clarin tritt auf.

Clarin. Fräulein, darf man näher kommen?

Rosaura. Ha, Clarin! Wo warst du? Sprich!

Clarin. Dort im Turme lauert' ich
Auf den Tod, von Angst beklommen,
Ob er käm', ob er nicht käme;
Und mein Leben schien allda
Ein verpaßter Quinola*,
Stets in Furcht, daß man ihn nehme.
Die Partie stand wahrlich böse.

Rosaura. Doch weshalb?

Clarin. Weil ich erfuhr,
Wer Ihr seid; denn glaubt mir nur,
Daß Clotald . . . doch welch Getöse
Gibt es hier? *(Trommeln.)*

Rosaura. Was will das sagen?

Clarin *(sieht hinaus)*. Ein gewalt'ger Haufen dringt
Aus der Burg, die man umringt;
Alles will er niederschlagen,
Was zu Sigismund sich hält.

Rosaura. Warum, feig in solchem Streite,
Bin ich nicht schon, ihm zur Seite,
Die Bewunderung der Welt?
Gilt doch, bei so wildem Streben,
Ihr Gesetz und Ordnung wenig! *(ab.)*

Stimmen *(außerhalb)*. Lebe hoch der tapfre König!

Andre Stimmen. Hoch soll unsre Freiheit leben!

Clarin. Freiheit, König, alle beide
Leben sie, so hoch sie wollen;
Und mich wird es wenig grollen,
Welchen Platz man mir bescheide.
Von dem Wirrwarr, der hier wühlt,
Trenn' ich weislich meine Sachen;

Kaiser Nero will ich machen,
Der kein Mitleid je gefühlt.
Oder fühl' ich Mitleid, traun!
Fühl' ich's nur um meinetwillen.
Hier verborgen, ganz im stillen,
Will ich mir das Fest beschaun.
Wohl gedeckt von Felsenlagen,
Still und heimlich ist der Ort;
Hier holt mich der Tod nicht fort,
Pah! ich kann ihm Schnippchen schlagen. *(Verbirgt sich.)*

Man hört Trommeln und Waffengeklirr.

Der König, Estrella, Astolf und Clotald treten fliehend auf.

Basilius. War ein König, war ein Vater
Unglücksel'ger wohl, als ich?

Clotald. Deine Scharen flüchten sich
Sonder Ordnung, Schutz, noch Rater.

Astolf. Himmel, die Verräter siegen!

Basilius. Wiß, in dieser Art Gefechten
Sind die Sieger stets die echten,
Und Verräter, die erliegen.
Auf, Clotald, entfliehen wir
Diesem ungeratnen Sohne,
Diesem Räuber meiner Krone!

Es fällt ein Schuß, und Clarin stürzt verwundet aus seinem Schlupfwinkel hervor.

Clarin. Hilf mir, Himmel!

Astolf. Wer ist hier
Dieser Krieger, der, getroffen
Und vom eignen Blut entstellt,
Sterbend uns zu Füßen fällt?

Clarin. Ach, mir bleibt nichts mehr zu hoffen.
Da ich suchte Schutz und Hort
Vor dem Tode, fand ich ihn,
Ging, um ja ihm zu entfliehn,
Ihm entgegen; denn kein Ort
Bleibt dem Tode je verborgen;
Woraus deutlich zu ersehn,
Daß ihm die entgegen gehn,
Die ihn recht zu meiden sorgen.
Darum kehret eilig, kehrt
Nur zurück zum blut'gen Kampfe;
Zwischen Waffen, Glut und Dampfe

Wird euch beßrer Schutz gewährt
Als auf noch so festem Berge;
Gibt's doch keinen Aufenthalt,
Der vor des Geschicks Gewalt,
Vor der Sterne Wut euch berge!
Und ob ihr im Fliehn euch allen
Rettung sucht vor Todesnot:
Seht, ihr gehet in den Tod,
Wenn Gott will, ihr sollet fallen.

Er fällt in die Szene zurück.

Basilius. Seht, ihr gehet in den Tod,
Wenn Gott will, ihr sollet fallen?
Wie so gut, o Himmel! bringet
Die Verblendung unsers Trachtens
Nun zu besserer Erkenntnis
Dieser Leichnam, der uns mahnet
Mit den Lippen einer Wunde,
Da das Naß, das ihr entfallet,
Uns mit blut'ger Zunge lehret,
Daß des Menschen Vorsicht, alle
Seine Sorgfalt nichts vermöge

Gegen höhrer Mächte Walten.
Ich nun, um mein Reich vor Aufruhr
Und Verderben zu bewahren,
Gab es in dieselbe Hand,
Der ich's zu entreißen dachte.

Clotald. Kennet gleich, o Herr, das Schicksal
Jeden Pfad und findet alle,
Die es suchet, selbst im Dickicht
Des Gebirgs: doch, muß ich sagen,
Ist's kein christlich Wort, daß nichts

Uns vor seiner Wut bewahre.
Dies ist falsch; der weise Mann
Bändigt auch des Schicksals Walten;
Und wenn du nicht jetzt behütet
Warst vor Ungemach und Plagen,
Suche künftig dich zu hüten.

Astolf. Herr, was jetzt Clotald dir sagte,
Sprach er als ein weiser Mann,
Der schon reife Jahr' erlangte;
Ich nun red' als mut'ger Jüngling:
In dem dichten Waldesschatten
Dieses Berges steht ein Roß,
Flüchtig, wie vom Wind empfangen;
Dies besteig und flieh, indessen
Ich den Rücken dir bewahre.

Basilius. Wenn Gott will, ich solle sterben,
Wenn der Tod hier meiner harret:
Wohl, so will ich jetzt ihm stehn,
Aug' im Aug' ihn fest erwartend.

Waffengetöse.

Sigismund, Rosaura, Soldaten und Gefolge treten auf.

Sigismund *(zu den Seinigen)*. In dem Dickicht dieses Berges,
Zwischen seinen dunkeln Schatten
Birgt der König sich; verfolgt ihn,
Lasset keinen Baum im Walde
Undurchstöbert; Stamm vor Stamm,
Zweig vor Zweig durchsucht sie alle.

Clotald *(zum König)*. Fliehe, Herr!

Basilius. Weshalb entfliehn?

Astolf. Was beginnst du?

Basilius. Herzog, laßt mich.

Clotald. Herr, was machst du?

Basilius. Das, Clotald,
Was mir übrig ist zu machen.
(Zu Sigismund.) Kommst du, mich zu suchen, Prinz?
Sieh mich dir zu Füßen fallen; (er knieet)
Deiner Sohlen weißer Teppich
Sei der Schnee von meinen Haaren.
Tritt auf meinen Hals, zerschmettre
Meine Krone; stürz', entraffe
Mir die alte Würd' und Achtung.
Räche dich durch meine Schande,
Laß mich dir als Sklave dienen;
Und nach solchen Voranstalten
Mag das Schicksal sein Gelübde,
Mag sein Wort der Himmel halten.

Sigismund. Sehr erlauchter Hof von Polen,
Der von solchen Wunderthaten
Hier zum Zeugen wird, merk' auf,
Was dein Fürst dir jetzo saget:
Die Verhängnisse des Himmels,
– Die einst auf azurne Tafeln
Gott mit seinem Finger schrieb,

Der zum Schreibmaterial
Sich erkor den blauen Aether,
Wo die goldnen Lettern prangen –
Täuschen nimmer, lügen nimmer;
Wer da lügt und täuscht, ist aber
Dieser, der, um Mißbrauchs willen,
Sie durchforscht und offenbaret.

Hier, mein Vater, den ihr sehet,
Machte, nur um sich zu wahren
Vor der Wildheit meines Wesens,
Mich zum Tier von Menschenansehn;
Dergestalt, daß, wenn ich gleich
Kraft der Reinheit meines Adels,
Kraft der Hoheit meines Blutes,
Kraft des Vorzugs meiner Gaben
Mild und sanft geboren ward,
Dennoch solcher Lebenswandel,
Solcherlei Erziehungsart
Gnügen müßt' ohn' alles andre,
Zu verwildern meine Sitten.
Schöner Weg' sie umzuschaffen!
Spräche man zu einem Menschen:
Eine wilde Bestie trachtet,
Dich zu töten; wär's ihm dienlich,
Sie vom Lager aufzujagen,
Falls er schlafend sie erblickte?
Spräche man: von diesem Stahle,
Den du trägst, wirst du den Tod
Einst empfahn; so wär's ein falsches
Vorsichtsmittel, ihn entblößen,
Um vor ihm sich zu bewahren,
Und sich auf die Brust ihn setzen.
Spräche man: des Meeres Wasser

Sind, als Monument von Silber,
Dir bestimmt zum feuchten Grabe;
Wär' es wahrlich übles Thun,
Dann sich auf das Meer zu wagen,
Wann es sich zu Schneegebirgen
Auftürmt, zu kristallnen Alpen.

Meinem Vater nun erging es
So wie dem, der aus dem Schlafe
Weckt das Untier, das ihm drohet;
So wie dem, der, vor dem Stahle
Zitternd, ihn entblößt; wie dem,
Der im Sturm aufregt die Wasser;
Und war meine Wildheit (hört mich!)
Solch ein reißend Tier im Schlafe,
Meine Wut eine ruhend Schwert,
Meeresstille mein Gewaltsinn:
Wohl, so beugt ja nie das Schicksal
Sich dem Unrecht und der Rache,
Denn sie reizen es nur mehr;
Und so, wer zu beugen trachtet
Sein Geschick, muß mit Verstand
Und mit Mäßigung verfahren.
Ehe die Gefahr erscheinet,
Kann sich schützen nicht, noch wahren,
Wer ihr vorbeugt; denn obwohl
Demut kann (klar ist die Sache)
Ihn beschützen, so geschieht's
Doch nur dann, wenn er im Falle
Der Gefahr ist, denn kein Mittel
Gibt's, um diese fern zu halten.
Beispiel sei euch dieses seltne
Schauspiel, dieser sonderbare
Staunensanblick, dieses Graun,

Dieses Wunder; denn von allem
Ist das Größte dies, zu sehn,
Trotz so großem Mühewalten,
Ueberwunden, mir zu Füßen,
Einen Vater und Monarchen.

Ja, ein Schluß des Himmels war's!
Wie er auch, ihn aufzuhalten,
Strebt', er konnt' es nicht. Und ich,
Der ihm weichen muß an Alter,
Wissenschaft und Geistesgröße,
Sollt' es können? – König, Vater,
Steh auf, reiche mir die Hand!
Da der Himmel von dem Wahne
Dich befreit, auf diese Weise
Ihn zu zwingen, so erwart' ich
Demutsvoll, daß du dich rächest;
Sieh mich dir zu Füßen fallen!

Er kniet.

Basilius *(ihn aufhebend)*. Sohn – denn dieses edle Thun
Zeuget dich zum andernmale
Mir im Herzen – du bist Fürst.
Ja, der Lorbeer und die Palme,
Sie gebühren dir; du siegtest;
Krönen denn dich deine Thaten!

Alle. Lebe Sigismund! Er lebe!

Sigismund. Große Siege zwar erwartet
Einst mein Mut noch zu ersiegen;
Doch den größten jetzt erhalt' ich
Ueber mich. Gib an Rosaura

Deine Hand, Astolf; du warest
Längst in ihrer Ehre Schuld,
Und sie einzufordern hab' ich.

Astolf. Freilich ist es wahr, verpflichtet
Bin ich ihr; allein dem schadet,
Daß sie nicht weiß, wer sie ist.
Und es wär' Entwürd'gung, Schande
War' es, wählt' ich mir ein Weib . . .

Clotald. Halt, Astolf! nicht weiter, sag' ich.
Wiß es, edler als Rosaura
Bist du nicht. Im offnen Kampfe
Soll mein Degen sie verteid'gen;
Denn genug, ich bin ihr Vater.

Astolf. Du, Clotald?

Clotald. Ich wollt's verschweigen,
Bis ich an des edeln Gatten
Hand sie ehrenvoll erblickte.
Der Bericht währt' allzulange:
Doch gewiß, sie ist mein Kind.

Astolf. Ist es so? Mit Freuden halt' ich
Mein Versprechen.

Sigismund. Daß Estrella
Nicht mit Recht sich mag beklagen,
Da sie einbüßt einen Fürsten
Von so hohem Ruhm und Range,
Will ich nun mit eigner Hand
Sie vermählen einem Gatten,
Der an Hoheit und Verdiensten,
Wenn nicht vorgeht, doch ihm nahet.
(Zu Estrella.) Gib mir deine Hand.

Estrella. Gewinn
Ist nur solches Glücks Erlangen.

Sigismund. Und Clotald, den treuen Diener
Meines Vaters, ihn erwartet
Hier mein Arm und jeder Lohn,
Den er wünschen mag zu haben. *(Er umarmt Clotald.)*

Einer aus Sigismunds Gefolge. Ehrst du so, wer nicht dir diente:
Was werd' ich denn, der des Landes
Aufstand wirkt' und dich erlöste
Aus dem Turme, wo du saßest,
Was werd' ich zum Lohn empfahn?

Sigismund. Jenen Turm; und daß von dannen
Nie du bis zum Tod entweichst,
Geb' ich dir gnugsame Wache.
Des Verräters nicht bedarf's
Nach vollendetem Verrate.

Basilius. Dein Verstand erregt uns Staunen.

Astolf. Wie so glücklich umgewandelt!

Rosaura. Wie bedächtig und wie weise!

Sigismund. Was bestaunet ihr und gaffet,
Wenn ein Traum mein Lehrer war?
Wenn ich immer noch erbange,
Zu erwachen und von neuem
In des Kerkers engen Schranken
Mich zu sehn? Und wenn auch nicht:
Gnügt's doch, solchen Traum zu haben;
Denn so ward ich mir bewußt,
Daß das Glück des Menschen alles
Wie ein Traum vorüberschwindet.
Drum es mir zu nutze machen

Will ich heut, so lang es dauert,
Bittend für so manchen Mangel
Um Erlaß; denn edeln Herzen
Eigen ist es, zu erlassen.

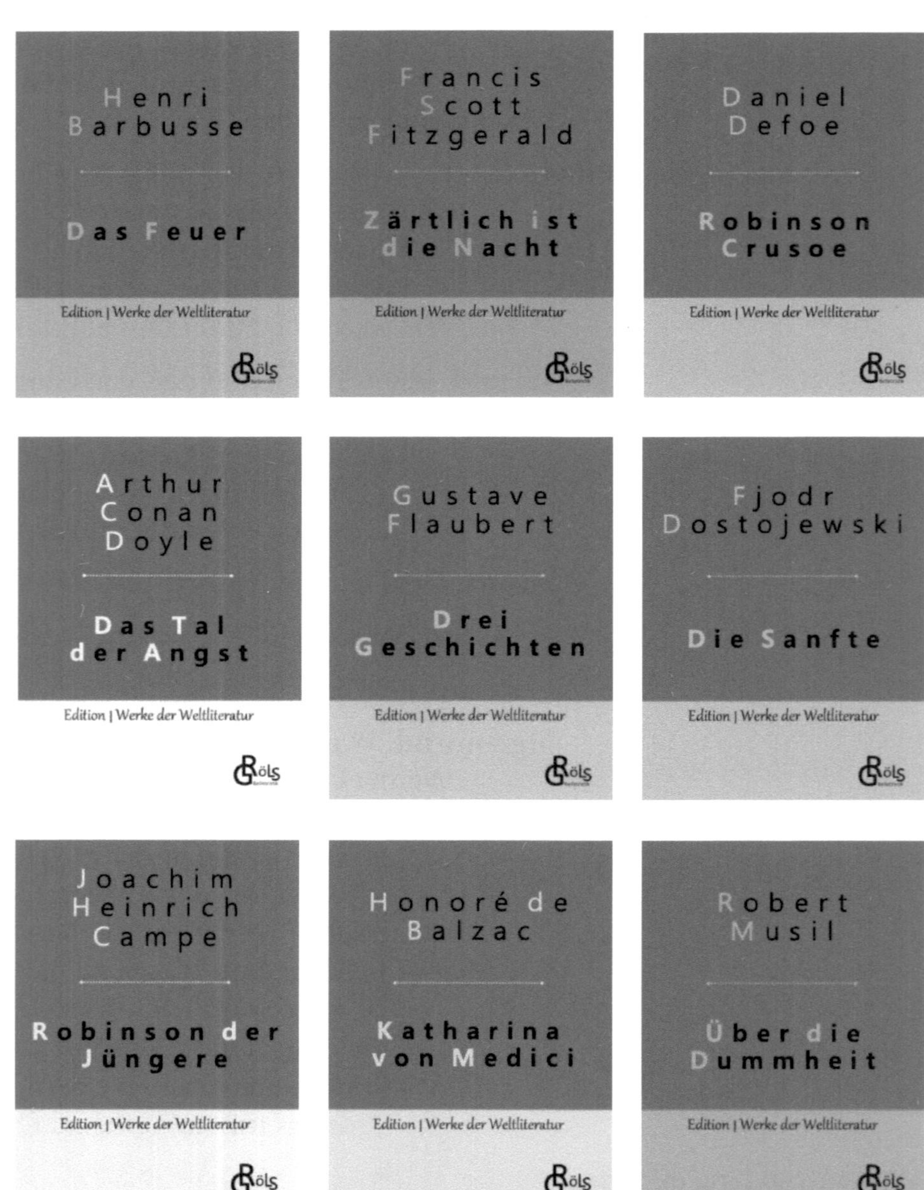

Alle Werke unter www.groels.de